行政書士試験

# 豊村式合格メソッド100

豊村慶太

中央経済社

# はじめに

この本を手に取られたあなたは「行政書士試験を受験してみよう！」とすでに決意された方か，もしくは「興味があるけど，どんな試験なんだろう？」，「どうやって勉強すれば早く合格できるのだろう？」と悩んでいる方ではないでしょうか。

何事もスタート時点における誤った認識や方法論で歩み始めてしまうと，**無駄な回り道をしてしまうこと**になります。たとえば，私が最近始めたゴルフでも，最初の段階で変なフォームを身につけてしまうと上達が非常に難しいので，スタートの時点でプロに適切なフォームを指導してもらうことが大切だという話はよく言われることです。

誤った認識や方法論で歩み始めても，何とか目標達成にたどり着ければよいですが，スタート時点で選んだ道を誤ったがゆえに，結局ゴールにたどり着くことができないということも十分に起こりえます。

これは**「受験」についても同じ**です。私は，LEC 東京リーガルマインド，アガルートアカデミーという資格スクールで，16年以上にわたり行政書士試験の受験指導を行っています。その間にのべ6,000人以上の受講生を担当し，多くの合格者を輩出してきました（2021年 2 月現在）。

中には，それまで我流の勉強をしていたせいで結果が出せず，私のクラスを受講した年に見事合格できたという方もいます。また毎年，個別相談や電話相談で多くの受験生とお話しし，これまでで2,000件以上のご相談を受けました。その際に，効果的な勉強法についてアドバイスすることも多くあります。

そこで本書では，受験生から頻繁に相談を受けるテーマを中心に，これまでの私の受験指導経験をすべてお伝えすべく，**合格メソッドとして100のテーマにまとめ上げました**。きっと，ここにあなたが疑問に思うことや不安に感じることに対するヒントや解決策が見つかるはずです。

では，**できるだけ最短距離で行政書士試験に合格するため**には，「どのような学習」をするのが効果的なのでしょうか。それは次の4点が鉄則になります。

- **鉄則1　本試験から逆算したスケジューリング**
- **鉄則2　過去問から逆算した学習戦略**
- **鉄則3　手を広げすぎないこと**
- **鉄則4　なるべくブランクを作らずに短期間で繰り返しを徹底すること**

これらは，当たり前のことのように思えるかもしれません。しかし現実的には，多くの受験生がこれとは違う間違った勉強法を実践し，遠回りをしているのです。

しかも，行政書士試験は「社会人」の受験生が圧倒的多数を占めるといわれています。**限られた時間の中で，最大限の効果を発揮するためには，無駄なことはしていられません。**本書では，その点も注意深く捉え，現実的なアドバイスをしています。

また，さまざまな事情から**「できるなら独学で合格したい」**と考える人も多いでしょう。特に独学の方にとって，「具体的にどのような書籍を使って学習すればよいのか」ということは，大きな関心事です。

そこで本書では，特定のスクールに限らず，オススメできる素晴らしい教材を可能な限りご紹介していきます。

行政書士試験は，合格率が10％前後で推移している国家試験です。したがって，決して簡単とはいえませんが，**正しい方法論で十分な努力**をすれば，合格することは可能です。

もしあなたが，合格率だけを見て「私には無理かな？」，「法律の学習をしたことがないしなあ…」と思われているのであれば，ぜひ本書を読んでください。合格への道すじが開けるはずです。

実際，「はじめて法律を学習した」，「大学は法学部だったけど，社会に出て20年以上経つので全く知識が抜けてしまった」という状況から見事に合格を勝ち取られた方は，私のクラスの中にも非常に多いです。

さらに，学習を進めるうえで，実際の合格者の学習スタイルを知ることは，とても有益です。そこで，豊村クラス出身合格者の勉強法を本書で一部ご紹介しています。ぜひ参考にしてください。

これから受験勉強を進める中で，学習に行き詰まりを感じる時があるかもしれません。そのような時の処方箋としても，非常に有益であると確信しています。

「行政書士試験を受験しようと決意した時」はもちろん，「試験勉強中」から「直前期」まで，**どの時期に読み返しても，何らかのヒントが見つかる**ことでしょう。

行政書士試験合格に向けた必携のバイブルになると確信しています。ぜひ，本書を活用して合格を勝ち取ってください！

**豊村慶太**

# 目　次

## Chapter 0　学習を始める前に知っておくこと



## Chapter 1　「過去問」でゴールまでを逆算しよう！



## Chapter 2　テキストを決めたら手を広げない！

## Chapter 3「基礎法学・憲法」の攻略法



## Chapter 4「民法」の攻略法

## Chapter 5 「行政法」の攻略法



## Chapter 6 「商法・会社法」の攻略法



## Chapter 7 「政治・経済・社会」の攻略法



## Chapter 8 「情報通信・個人情報保護」の攻略法

## Chapter 9「文章理解」の攻略法



## Chapter10「多肢選択式」の攻略法



## Chapter11「記述式」の攻略法



## Chapter12　合格に近づくための心得

かんたんチェック✓

### 行政書士試験の概要

行政書士試験のことを簡単にチェックしておきましょう。

なお，ここでは例年のスケジュールをもとにしています。受験の際は必ず試験実施団体である一般財団法人行政書士試験研究センターのホームページなどで詳細をご確認ください。

Q　受験資格はある？

年齢，学歴，国籍等に関係なく，誰でも受験できます。

Q　試験はいつ？

11月初旬の日曜日（13～16時）に実施され，翌年 1 月下旬に合格発表があります。

Q　申込期間はいつ？

8 月上旬～ 9 月上旬頃に受験申込書の配布と申込の受付が行われます。

# Chapter 0

# 学習を始める前に知っておくこと

ここでは，学習を開始する際に知っておくべきポイントをお話しします。どんな試験なのか，合格ラインはどのくらいなのか，標準的な学習期間や重点的に学習するべき科目など，行政書士試験の全体像をつかんでから，スタートを切りましょう。

# 1 合格のための４大鉄則を知る！

最初に，行政書士試験に**合格するために必要な「４大鉄則」**をお話しします。今後，受験勉強を始め，ご自分で勉強法を試行錯誤するときには，この４大鉄則から逸脱していないかを意識すると，間違った方法を選ぶことは避けられるはずです。

## 鉄則１ 本試験から逆算したスケジューリング

本試験からの逆算スケジューリングというのは，**本試験から逆算してしっかりとした計画を立てましょう**という話です。

合格者に聞くと，皆さん学習のスタート時に本当に緻密なスケジュールを立てています。ある人はエクセルで，ある人は手帳で，ある人は壁掛けカレンダーで，用いるツールは異なるものの，本試験から逆算して綿密にスケジュールを練り込んでいます。

逆算スケジューリングにもコツがあります。具体的には，**「長期目標」・「中期目標」・「短期目標」**を立ててスケジューリングするのがよいでしょう。詳しくは後述します。

## 鉄則２ 過去問から逆算した学習戦略

過去問から何を逆算するのかというと，**「出題のされ方（傾向）」**，**「問題の難易度」**，**「頻出分野」**です。

まず「出題のされ方（傾向）」ですが，条文の問われ方はどのようなものか？　判例は結論だけを問うてくるのか，それとも結論に至るプロセスも問うてくるのか？　問題文は長いのか？　といったことをつかむために**過去問**を使います。

また，「問題の難易度」は，科目ごとにどれくらいの学習時間を割くべきなのか？　過去問以外の問題集で補充するべきか？　そもそもその科目に時間をかけるべきか？ を分析します。

問題演習量として過去問だけでは不足するのであれば，別の問題集等で補充するべきでしょうし，配点が低いわりに難易度が非常に高い科目に対しては，それほど時間をかけるべきではないでしょう。

さらに，「頻出分野」がわかれば，当然ながら日々の学習効率が上がります。行政書士試験の場合，各科目に頻出分野があります。それを**早い段階で過去問から読み取って，メリハリをつけた学習をする**ということです。

このように，過去問を早期から活用することで本試験の実像がつかめるのです。過去問から逆算して合理的な学習戦略を立てていくことが可能となるのです。詳しくはChapter 1でお話しします。

## 鉄則3 手を広げすぎないこと

行政書士試験の合格のために，資格スクールを利用される方も，独学で学習される方もいらっしゃるでしょう。

いずれにしても，**「メインテキスト」**，**「六法（条文）」**，**「過去問集」**，**「問題集（模試も含む）」**の４つ（本書ではこれらを**「学習四天王」**と呼びます）以外にむやみに手を広げるべきではありません。

そもそも，長くても１年しかない期間で合格を勝ち取らなければならないわけです。また，社会人の皆さんにとっては学習時間の確保も重要なことです。

そんな中，**学習四天王以外に手を広げる余裕はない**はずです。次の**鉄則４**でも述べますが，いろんな講義や教材に手を広げて，中途半端な知識しか身につかないのは，資格試験の勉強としては意味がありません。学習四天王を信じて，手を広げずに合格を目指すべきです。

資格試験においては，**「100の曖昧な知識よりも10の正確な知識」**のほうが大事です。いろいろなテキストや問題集に浮気をして手を広げると，フワッとした曖昧で中途半端な知識ばかりが積み重ねられます。

いろいろなテキストや問題集に手を広げているので，勉強したような気がするのですが，実は思いのほか身についていないということがよくあります。

残念ながら合格に届かなかった方々のカウンセリングを，本試験後に担当すると，ほとんどの方が「手を広げすぎて知識が曖昧だった。本試験で問題を見てそのことに気づいた」とおっしゃいます。

手を広げすぎないことを意識し，学習四天王をパーフェクトにしましょう。

## 鉄則4　繰り返しを徹底すること

これは，知識の精度を上げるためには，**何度も何度も繰り返し，知識の精度を上げるべき**だということです。

一部の天才を除いては，１回や２回繰り返したくらいでは知識は定着しません。合格者は，それこそ何度も繰り返して知識の精度を高めているのです。本試験では「あー，この選択肢のキーワードは見たことあるな」というレベルでは通用しません。

毎年，たった１問のせいで不合格になり涙を呑む受験生がいます。しんどいでしょうが，繰り返すことをおろそかにしないでください。

鉄則３とも関係しますが，**やるべきものを学習四天王に絞って，繰り返すことで正確な知識を積み重ねること**が合格への王道です。

暗記がつらいという方もいらっしゃるでしょうから，本書では暗記対策本の紹介もします。

この４大規則は受験生なら常に意識してほしいことです。そのため，特にChapter０～２とChapter12では，皆さんが読んでいるメソッドがこの４大鉄則のどれに関連するのかについて，以下のアイコンで表示していきます。勉強法を考える際の参考にしてください。

鉄則1　**本試験から逆算したスケジューリング**
鉄則2　**過去問から逆算した学習戦略**
鉄則3　**手を広げすぎないこと**
鉄則4　**なるべくブランクを作らずに短期間で繰り返しを徹底すること**

鉄則 1

# 2 直前期までの学習スケジュールは本試験から逆算する！

上述の4大鉄則で，長期目標，中期目標，短期目標に分けて学習スケジュールを立てるのがよいとお話ししました。では，それぞれどのような視点で綿密に計画するとよいのでしょうか。

## 1　長期目標

「長期目標」というのは，直前期（行政書士試験の直前期とは9月以降のことをいいます）に入るまで，つまり**8月31日までに各科目がどのような知識レベル状態になっていたいのか**を想定して，目標を立てることです。

たとえば「インプットでは，全科目について講義の視聴を終えて，苦手分野のみ復習できるように苦手分野をあぶり出しておく」，「アウトプットでは，行政法の過去問を最低5周。そのうえで何度解いても間違える選択肢をピックアップしておく」という感じです。もちろん，もっと細かく長期目標を立ててもかまいません。

とにかく**直前期までに自分がどのレベルに達していたいのかを明示すること**が大切です。

## 2　中期目標

「中期目標」というのは，**2～3ヵ月くらいのスパン**で考えるとよいでしょう。これは，「長期目標」を実現するためには，逆算して2～3ヵ月で何をやるべきか？　を想定するものです。

たとえば，学習開始が試験前年の11月だったとしましょう。そうすると，直前期（次の年の9月以降）に入るまでは10ヵ月あることになります。その間に「長期目標」として，行政法の過去問集を5周させると決めたのであれば，1周にかけられるのは2ヵ月ということになります。ですから，「中期目標」として**「行政法の過去問集を１周させる」**と書くわけです。

もちろん，過去問集を１周させるスピードは１周目よりも２周目，２周目よりも３周目のほうが上がります。ですから，最初の１周目は２ヵ月かかっても，２周目は１ヵ月で終わるかもしれません。

## 3　短期目標

「短期目標」というのは，「中期目標」を実現するために**１週間・１日でどのくらいの分量をやらなければならないか**を逆算して決めるものです。

たとえば，２ヵ月で行政法の過去問集を１周させるのであれば，１日に何問解かなければならないかが逆算できるはずです。平日がお仕事などでお忙しい方であれば，平日は１日５問，休日は１日30問のようにメリハリをつけてプランニングされるとよいでしょう。

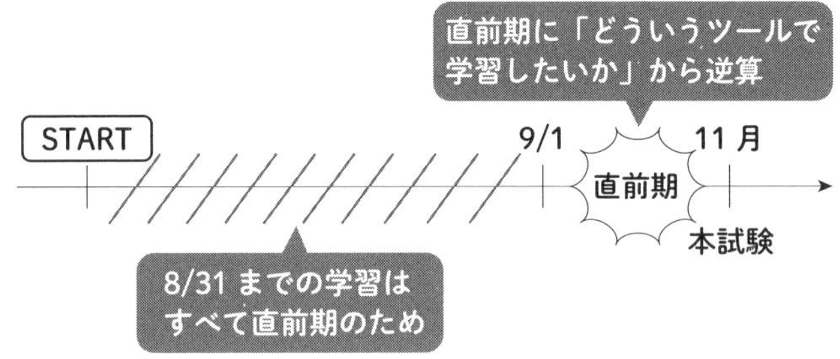


このように本試験から逆算して「長期目標」・「中期目標」・「短期目標」を立てることで，目標を見失わずに学習が継続できるのです。

しかし，「長期目標」・「中期目標」・「短期目標」は状況に応じて修正することも必要です。特に毎日のお仕事やご家庭のことで**当初のスケジューリングがうまく進行できない**というのは，ままあることです。

そのような時には無理のないスケジュールに変更してください。とにかく**一番大事なのは，継続して学習すること**です。無理なスケジュールを変更しないせいで，学習すること自体が嫌になってしまうことだけは避けましょう。

鉄則３・４

# 3 直前期の学習スケジュールも，本試験から逆算する！

では，９月以降の直前期はどのような学習をするべきなのでしょうか。実はこれは「鉄則３」，「鉄則４」が密接に関連します。つまり**「手を広げずに学習四天王を繰り返す」**ことが大切なのです。

直前期は，精神的にもきつくなってきますし，模試を通じて，学習が不十分な箇所を嫌でも実感せざるをえません。そのような時期に，不安に駆られて新しい書籍を購入したり，「直前講座」に申し込んだりする方が多いのですが，それは**逆効果になる**ことが大いにあります。

ここでいう「直前講座」とは，各スクールで８～10月にかけて実施される講座のことです。弱点分野補強・全体の総まとめなど，講座の内容や種類はさまざまです。

本試験終了後，受講相談に来られる方の大半は，本試験の結果が思わしくなかった方です。その方々の自己敗因分析で最も多いのが，「直前講座を受講したもののうまくこなせなかった。その結果，最も大切な基幹講座の知識が定着できないまま本試験を迎えた」というものです。要するに，手を広げすぎて消化不良のまま本試験に突入したということです。

私は，**原則として，直前講座は受けないほうがよいという考え**です。理由は，直前期に新たに手を広げることにより，肝心な「学習四天王」の徹底習得が不十分になるからです。

新たな講座を直前期に投入するということは，それだけやることが増えるわけですから，その分学習時間を増やさないと全体の仕上がりは中途半端になります。その状態で本試験に臨むことこそが，最も避けるべきことなのです。とにかく大事なことは，**そこまで使い込んできた学習四天王を習得すること**です。

厳しいことをいうと，直前講座を受講することによって「逃げていないか？」ということです。直前期の精神的にも分量的にもつらい勉強を，直前講座を取れば緩和できるのではないかと考えて直前講座を申し込んでも，そんな甘い話はありません。結局やるべき分量が増えるだけなのです。

とはいえ，私は何があっても絶対に直前講座を受けてはいけないといっているのではありません。次のフローチャートを見てください。

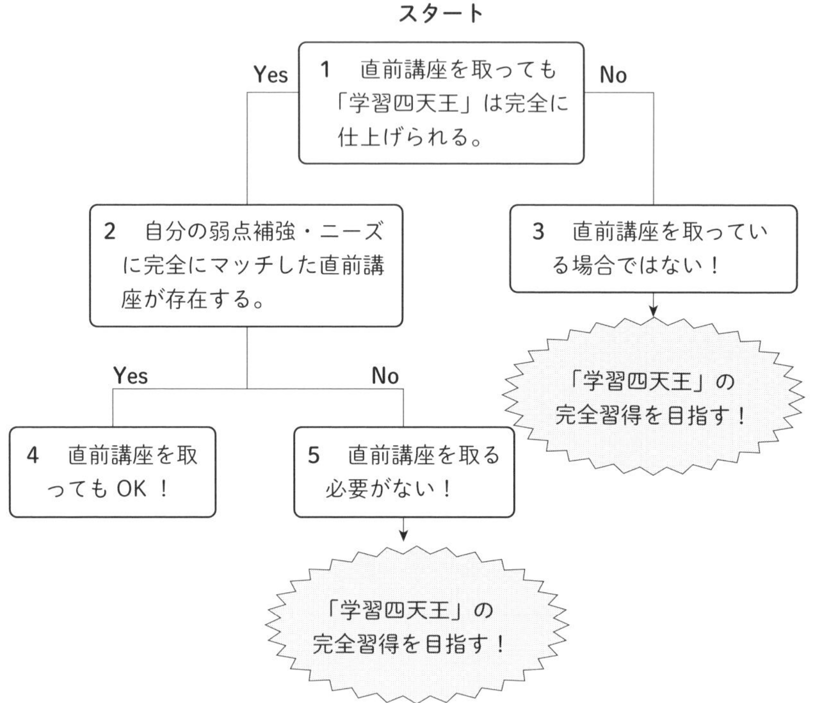


このフローチャートで，左下の**4**に行き着くのであれば，直前講座を受ける意味はあると思います。

つまり，**①直前講座を受けても学習四天王をしっかりと完成できるだけの余裕**があり，かつ**②直前の自分のニーズに完全に一致する直前講座が存在する**，という2要件を充たすのなら，直前講座を受けても意味があるということです。

直前期こそ，今まで学習してきたことを信じて精度を上げましょう。この直前期のために，「長期目標・中期目標・短期目標」をクリアしてきたのです。

追い込まれる直前期こそ，自分がやってきたことを信じてください！

鉄則 3

# 4 手を広げずに情報集約の徹底を !!!

毎年，いわゆる直前期に入る少し前，つまり7～8月頃に，受験生からこんな相談が急増します。

**「この時期から本試験までの学習プランや勉強方法がわからなくなった…」**

試験直前となると，焦りが出てくる時期ですから，「どういうことを具体的にやるべきなのか」について悩むのも理解できます。しかし，このような相談で，いつも気になっていることがあります。

それは，皆さん手を広げようとしすぎている点です。

「テキストの読み返しをやって，問題集を全部解き直して，模試の復習もしっかり時間をかけて…」

「昨年受けた模試も解き直して…，あとは，あの問題集と，この問題集を解いて…」

だいたいこういう相談が多いです。そこで，私は必ず，「それをあと3ヵ月で全部こなすことができますか？」と聞くようにしています。なぜなら，どう考えても3ヵ月ではこなせないような課題を自分で提示して，そして途方に暮れているからです。

「あれもやりたい，これもやりたい！」という気持ちはわかります。しかし，行政書士試験の受験生は大半が社会人です。捻出できる勉強時間は限られているのです。これは直前期だけでなく，学習のスタート段階からいえることです。

ですから，発想を転換してください。

**「何をやりたいか？」ではなく，「何をやるべきか？」を考えましょう。**時間は有限です。さらに，行政書士試験は満点を取らなくても合格できます。6割取れればよいのです。

「自分に何が足りていないか？」をしっかりと分析して，**「残された時間で何をやるべきか？」という発想**を持ってほしいのです。たとえば，「直前期になればなるほど，解くべき問題が増える」と思っている人がいますが，逆です。

直前期になればなるほど，知識の精度は増すはずですから，もはや解く必要がない問題が増えるはずです。直前期は「何度も間違える問題」だけに集中して，苦手な部分を徹底して克服していけばよいのです。そうすれば，解くべき問題の数は減るはずです。

また，**「何を捨てるべきか？」という視点**も持ってほしいと思います。限られた時間の中で合格という結果を出すために，「やれるものならやっておきたいが，他に優先するべきものがあるからあきらめる」というものも明確にするべきなのです。

たとえば，資格スクールのフルパック講座を申し込んでいた場合，さまざまな講座がパックに含まれていますから，**すべてをこなそうと思うと消化不良になる**ことがあります。そんな時は，メインになるインプット講座（メインテキストを使う講座）とメインになるアウトプット講座（過去問集や問題集で演習するもの）以外の周辺講座に関しては，取捨選択をしっかりやりましょう。

一番恐ろしい事態は，すべての講座に一応手をつけて赤線やマーカーラインは引いてあるけれども，**あらゆる知識がふわふわして全然定着していない**というものです。それだけは絶対に避けましょう。

「あれもやりたい，これもやりたい！」と**手を広げるのではなく，だんだんと絞っていくようなイメージをもって，勉強する**ように心がけるということです。そのためには，本試験という目標を定め，**最短ルートで到達するために，過去問を分析して，効率的な受験戦略を練る**必要があります。本書を羅針盤に，どうか手を広げずに冷静な受験戦略のもとで，合格を勝ち取りましょう！

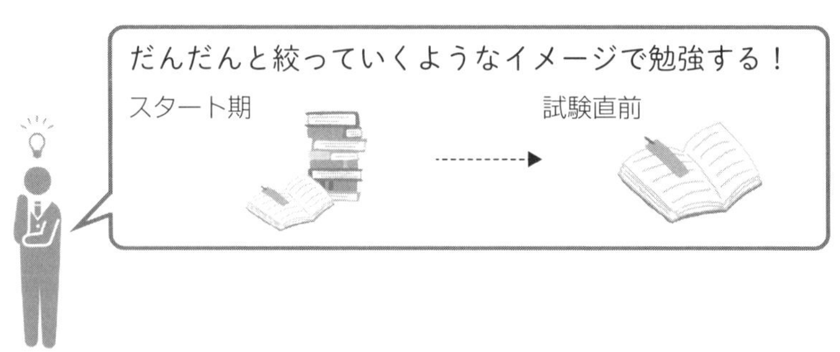

鉄則 4

# 5 標準的な学習期間はどれくらい？

**「はじめて法律を学習されるのであれば１年前には始めてほしい。」**

これが本音です。特に，近年の行政書士試験は難化傾向にあります。

難易度や学習するべき範囲を考えると，ある程度の知識を習得するための「インプットをメインとする期間」に半年，その後，問題演習や模擬試験を通して知識を確実なものにするための「アウトプットをメインとする期間」に半年は必要だと思います。図にすると次ページのようなイメージが理想です。

もちろん，専業受験生の方や，司法試験や司法書士試験など他資格の受験経験がある方は別です。しかし，**はじめて法律を学習される方で，しかも多くの場合は社会人であるということを考えると，「１年」は学習期間を取ることをオススメ**します。

よほどの天才でなければ，本試験で合格を勝ち取る知識をしっかりと身につけるためには**何度も繰り返す**必要があります。その意味でも，早めにインプットを終えて，繰り返すことにより**知識を定着させる時間**を十分に取ることが肝要です。「１年」の学習期間が理想というのはそういうことです。

実際に，試験１年前の９～11月に学習を始めて，しっかりと学習期間を取った受験生のほうが，合格率も高いようです。

このような理由から，はじめて学習される場合は，なるべく「１年」という学習期間を確保しましょう。

鉄則１

# 6 本試験まで「１年」を切った時期のスタートでは間に合わない？

さまざまな事情で，「１年」という学習期間を取れない時期に始める受験生もいるでしょう。その場合は合格できないのかというと，そんなことはありません。

実際に，コラム「合格者の勉強法」でご紹介するＮさんやＯさん（p.170）は，５月に学習を始め，わずか半年で合格を勝ち取られました。

ただ，やはりスタートが遅いため，早く始めた人と比べても，より徹底した学習内容の「メリハリ付け」が必要です。あれもこれもと手を広げる時間はありません。そのためにも，過去問分析がより重要になります。

さらに，早く始めた人に追いつくため，１日当たりの学習時間を必然的に増やさなければなりません。つまり，それだけ負担が増すということを覚悟して学習する必要があります。

〈理想的な学習期間〉

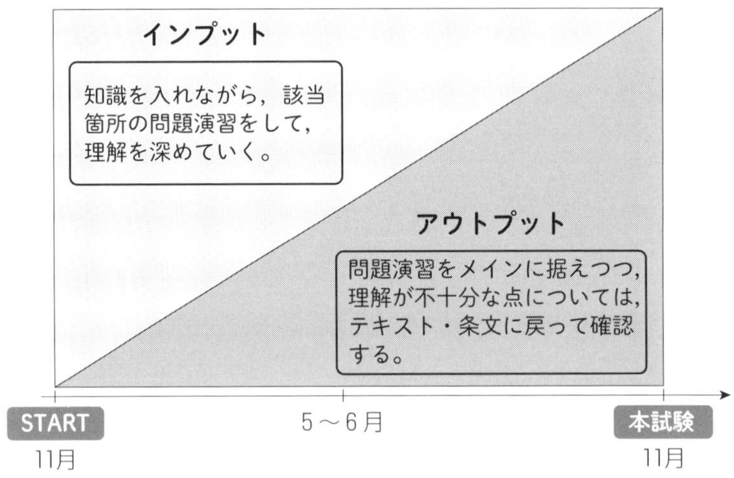

鉄則 1

# 7 合格ラインを確認しよう！

合格に向けて，具体的な受験戦略を練る前に，行政書士試験の全体像をつかんでおきましょう。すでにインターネットなどで調べて，ご存じのこともあるかもしれませんが，共通認識として一緒に確認しておきましょう。

まず，「行政書士試験」の**試験科目**と**合格ライン**について，下表をご覧ください。

試験科目が**「法令科目」**と**「一般知識科目」**に大きく分かれており，それぞれに合格ラインがあります。そのうえで全体の合格ラインを超える必要があるということがわかります。

また，他の法律系資格とは異なり，**「一般知識科目」が存在するのが大きな特徴**といえます。

**〈試験科目と合格ライン〉**

<table>
<tr><th>試験科目</th><th>内容等</th><th colspan="2">合格ライン</th></tr>
<tr><td>行政書士の業務に関し<br>必要な法令等<br>出題数46題<br>択一式及び記述式（40字程度）</td><td>憲法<br>行政法（行政法の一般的な法理論，行政手続法，行政不服審査法，行政事件訴訟法，国家賠償法及び地方自治法を中心とする。）<br>民法<br>商法及び基礎法学</td><td>満点の<br>50%<br>以上</td><td rowspan="2">満点の60%<br>以上<br>（注）問題の難易度を評価し，補正的措置を加えられることがある。</td></tr>
<tr><td>行政書士の業務に関連する<br>一般知識等<br>出題数14題<br>択一式</td><td>政治・経済・社会<br>情報通信・個人情報保護<br>文章理解</td><td>満点の<br>40%<br>以上</td></tr>
</table>

（注）例年，その年の4月1日現在施行されている法令に関して出題されます。受験する際は必ず，一般財団法人行政書士試験研究センターのホームページなどで「試験案内」をご確認ください。

鉄則 2

# 8 重点を置く「法令科目」

では，法令科目と一般知識科目のそれぞれにおいて，どの科目を重点的に学習すべきでしょうか。それは出題数を見れば明らかです。下表をご覧ください。

〈科目の出題数〉

配点：５肢択一式は１問４点・多肢選択式は１問８点，記述式は１問20点

| 試験科目 | 出　題　数 |
| --- | --- |
| **法令**<br>出題数46題 | 憲　　法（５肢択一式５題＋多肢選択式１題）<br>行 政 法（５肢択一式19題＋多肢選択式２題＋記述式１題）<br>民　　法（５肢択一式９題＋記述式２題）<br>商　　法（５肢択一式５題）<br>基礎法学（５肢択一式２題） |
| **一般知識等**<br>出題数14題 | 政治・経済・社会（５肢択一式８題）<br>情報通信・個人情報保護（５肢択一式３題）<br>文章理解（５肢択一式３題） |

※2020年度本試験より

## 1　「行政法」「民法」に多くの時間を割く！

まず何よりも**「行政法」**に力を入れましょう。行政書士試験において「行政法」は37.3%を占める出題なので，徹底的に強化しなければいけません。

その次に**「民法」**です。出題数だけ見れば，５肢択一式で９題と，少なく思うかもしれませんが，記述式では２題あります。配点で換算すると，この記述式２題は５肢択一式の10題分（！）に相当するのです。「民法」の出題は全体の25.3% を占めます。

これら２科目は，どのスクールでも特に力を入れて対策をします。ですから，「法令科目」の学習においては，「行政法」と「民法」のマスターに多くの時間を割きましょう。

各科目の具体的な学習方法については後述します。

## 2 重要科目である「行政法」「民法」はブランクを作らない！

「行政法」と「民法」は非常にボリュームがあるので，合格点を取るためには相当の学習時間をかける必要があります。ここで注意していただきたいことは，**行政法の学習に進んでも，民法の学習は継続しておくべき**ということです。

もし，行政法の学習をしている間，まったく民法の学習をしないとなると，せっかく学習した知識がみるみるうちに落ちていきます。

ですから，たとえば「１日５問は民法の問題を解く」，「１週間で20問は民法の問題を解く」というようにノルマを設定して，問題演習を中心に，できるだけ続けるようにしましょう。

合格のために大切なことですから，最後にもう一度念押しを。

**行政法と民法は学習のブランクがないように！**

鉄則２

# 9 重点を置くべき「一般知識科目」

「一般知識科目」について，近年の過去問を分析すると，**「政治・経済・社会」**に関しては，過去に頻出だった分野からではなく，**文学史的**な問題や**時事的**な問題や**実務的**な問題からの出題も散見されます。

もちろん，これまでの行政書士試験で頻出だった「選挙制度」，「各国の政治制度」，「国際連合」，「核問題」，「戦後史（政治・経済）」，「EU等の地域的経済統合」，「環境問題」等も出題されます。しかし，「政治・経済・社会」は，不確定要素が大きい部分であることは否めません。

そこで，一般知識科目の対策としては，**「情報通信・個人情報保護法」**と**「文章理解」**を学習の中心に据えるのが得策です。

「情報通信」は，**「IoT」**（2016年度問題55）や**「ビットコイン」**（2017年度問題50）のような情報通信用語の理解を問うものです。

「個人情報保護」は，**「個人情報保護法」**や**「行政機関個人情報保護法」**という法律からの出題です。しかも基本的な問題が多いです。また，**暗記が中心になりますから，直前期の追い込みが可能**です。

「文章理解」は，近年テクニックで攻略できる問題も多いです（2017年問題58・問題60等）。早めに着手して一気に得意科目に仕上げることが可能です。

したがって，「一般知識科目」に関しては，「情報通信・個人情報保護」と「文章理解」をメインにして，「政治・経済・社会」は，過去の頻出論点と模試の問題を押さえつつ，スキマ時間に学習時間を確保するというのがよいでしょう。

なお，可能なら「一般知識科目」も**「法令科目」と同時期のスタート**（早めのスタート）をオススメします。学習時間の比率は**「法令科目：一般知識科目＝9：1」**くらいで十分です。

鉄則 2

# 10 「一般知識科目」について最初に知っておきたいこと①

「法令科目」については，他資格の受験経験がある方以外，多くの受験生がはじめて学習するはずです。したがって，スタートラインが同じなので，本書を参考に学習すれば，十分に成績アップができるはずです。

ここでお話ししたいのは「一般知識科目」についてです。受験勉強を始める時に知っておきたいことが2つあります。

## 一般知識科目を絶対に軽んじてはいけない！

「一般知識科目」は「政治・経済・社会」,「情報通信・個人情報保護」,「文章理解」の3分野から14問出題され，そのうち**6問に正解しないと合格基準点割れ**になってしまいます。

簡単なように聞こえるかもしれませんが，毎年,「一般知識科目の基準点割れで不合格になってしまった…」という実力者が実際にいます。

必死に勉強したにもかかわらず,「一般知識科目」が原因で，もう1年勉強しなければならなくなるのです。特に,「法令科目」の出来が圧倒的によいにもかかわらず,「一般知識科目」が5問しか正解できずに不合格になった方は，相当なショックを受けられ，私も何と声をかけてよいかわからないほどです。

当然ですよね。たった1問のためにもう1年つらい受験勉強をしなければならないのですから…。

だから，絶対に一般知識科目を軽んじてはいけません！　1日10分でも，20分でもよいですから，継続的に学習をしてください。特に**「政治・経済・社会」と「文章理解」に関しては，日々の積み重ねが重要**です。

まさに私が前ページで「一般知識科目」のスタートは早いほうがよいと述べたのはこういう理由なのです。

鉄則 2

# 11 「一般知識科目」について最初に知っておきたいこと②

## 一般知識科目の実力は学習開始時に個人差がかなりある！

多くの講師はあまり明言しませんが，やはり最初に述べておきましょう。早速ですが，次の問題を見てください。

**問題　次の文章の空欄［ア］～［エ］に入る語句の組合せとして正しいものはどれか。**

第二次世界大戦後の国際経済は，1944年のブレトンウッズ協定に基づいて設立された［ア］と［イ］，1947年に締結された［ウ］を中心に運営された。
［イ］は大戦後の経済復興と開発のための資金提供を目的としていた。日本は［イ］からの融資を受け，東海道新幹線や黒部ダムなどを建設している。その後，［イ］は発展途上国の経済発展のための融資機関となった。
また［ウ］のもとでは 8 回の関税引き下げ交渉がもたれたが，それは貿易拡大による国際経済発展に貢献するとともに，その後［エ］の設立をもたらした。
［エ］では，［ウ］の基本精神を受け継ぎつつ，交渉を続けている。

1～4　略
5　ア　IMF　イ　IBRD　ウ　GATT　エ　WTO　（2014年度問題52正解 5）

これは行政書士試験の「政治・経済・社会」で実際に出題された問題の一部抜粋です。

実は，この科目は，高校で学習する「政治・経済」や「現代社会」と重複する出題が非常に多いのです。**難易度的には大学入学共通テスト（旧センター試験）対策用の参考書掲載レベル**といえるでしょう。つまり，高校時代に「政治・経済」や「現代社会」を学習していた人にとっては，少しは馴染みのある内容なのです。見たことがあるかないかだけでも，相当なアドバンテージになりますよね。

「文章理解」でも同様のことがいえます。**「評論文の論理的な読み方」**や**「接続詞と前後の文脈の関係性」**といったテクニックを，大学受験などで習得済みの人にとっては，特段対策は必要ありません。つまり，「文章理解」の学習時間を「行政法」や「民法」に投入できるのです。

このように，特に「政治・経済・社会」と「文章理解」は，**高校受験や大学受験における学習経験の有無が大きく影響**し，行政書士試験の受験勉強スタート時において，すでに個人差があるのです。

「そんなの不公平じゃないか！」

そう思う気持ちはわかります。しかし，それを嘆いていても前に進めません。コツコツと差を埋める努力をしていきましょう。本試験当日に解けるようになっていればよいのですから。

# 合格者の勉強法

――このコーナーでは合格者の勉強法を講師の目線でご紹介します。

## Aさん（2012年度合格）

音楽大学出身。フルートの演奏家。受験を決意し１年間学習。

Ａさんで印象に残っているのは，とにかく「やる気」です。授業では毎回，最前列に陣取り，私が話し始める時にはすでにテキストの該当ページを開いていて，「さぁ来い！」と言わんばかりの迫力で，真剣な眼差しで受講されていました。

また，学習量も凄まじかったです。テキストや六法がボロボロなのはもちろん，行政書士試験の受験生はあまり手を出さない『判例六法』（有斐閣）を相当，読み込んでいました。

さらに，特徴的だったのは，「メモを取るスピード」がとても速いことです。もちろん，丁寧に作業をすることは立派なことです。しかし，受験勉強で大切なのは「見栄えのよいテキストを残すこと」ではなくて，「試験に出る部分を理解して記憶しているか」です。だから，字や図は自分がわかればよいのです。他人から「うわー，キレイなテキスト！」と褒められても１点にもなりません。

ぜひ皆さんも，ラインの引き方が美しいなどの「形式」ではなく，見栄えは悪くてもよいですから，試験に出る部分の内容を理解・記憶さえしていればOKという「実質」こそが最重要という意識で学習を進めてください。

Ａさんは，夏頃には合格ラインを完全に超えて，模試も好成績だったのですが，一度だけ「一般知識科目」で５問しか取れなかったことがあったそうです。直前期に「基準点割れが不安だ」と相談されました。そんな心配は杞憂に終わり，見事に一発合格！

今では，プロのフルート演奏家として活躍されつつ，行政書士事務所を開業されて実務家としても精力的に活躍されています。

### Ａさんが合格した理由

- 「すべてを吸収するぞ！」という意気込み
- 『判例六法』までも読み込むほどの圧倒的な学習量

# Chapter 1

# 「過去問」でゴールまでを逆算しよう！

手を広げずに学習を続けるためにも，「過去問分析」が重要です。しかし，何も知識がない学習スタート時点では，過去問を見てもさっぱりわからないというのも事実。そこで，Chapter 1では，「過去問」の活用法や取りかかるべき時期などについて具体的にお話しします。

鉄則２

# 12 「過去問」はスタート時点で分析する！

「過去問はいつ頃検討すればよいですか？」と，よく受験生から質問を受けます。難解な法律用語が並ぶ過去問を見て，**「もう少し実力がついてから着手するべきだろう」と考える方も多い**ことでしょう。

この質問に対する答えを出すために，ここでいったん，行政書士試験の世界を離れてみましょう。

大学受験を控えた高校２年生の冬に，タイムスリップしたとイメージしてください。受験本番まで約１年です。志望校として，Ａ大学法学部を選んだとします。１年後の本番に備えて，あなたならどのようなことをしますか？

多くの方が，Ａ大学法学部の入試がどんな出題なのかを見るために，**まずは「赤本」のような過去問集を入手する**のではないでしょうか。そして，「出題科目」，「難易度」，「出題傾向」，「各科目のボリューム」などを分析するはずです。

その時点では，過去問が思うように解けるわけがありません。しかし，過去問を分析し，１年間の学習方針を考えて，参考書や問題集を選ぶのではないでしょうか。たとえば，「英語」では「英作文」が出題されないことがわかったとしましょう。それなのに，英作文の問題集を購入するのは無意味ですよね。

他にも，たとえば「日本史」では「江戸時代」からの出題が多いということがわかったとしましょう。それにもかかわらず，「縄文時代」の学習に心血を注ぐのはナンセンスです。

**過去問をスタート段階で分析しておくことで，実際に１年後に対峙しなければならない「敵」を最初に知っておくことができます**。その結果として，無駄のない効率的な学習ができるわけです。

これは，行政書士試験も同じです。大学入試も行政書士試験も同じ「試験」であることに変わりはないのですから，**方法論は共通**です。つまり，過去問は学習のスタート段階で分析することが効果的なのです。**「ゴールからの逆算」**という発想です。

鉄則 2

# 13 過去問の効果的な学習法

「そうはいっても学習のスタート段階では問題が解けないのでは？」

そう思われる方も多いでしょう。そのとおり，おそらく解けないと思います。

それでも過去問を分析するためには，どうすればよいでしょうか。

そこで，**過去問を「解くもの」から「読むもの」へと変えてしまう方法**をオススメします。具体的には，**「答えを見ながら，あらかじめ赤ペンで○×を書き込んでしまう」**という方法です。

「ええ!!?　答えを見ながら…？」と驚かれる人も多いでしょう。しかし，この方法は非常に効果的なのです。具体的には以下のとおりです。

**〈学習スタート段階でもできる！「過去問」分析法〉**

分析法①　答えを見ながら過去問集に赤ペンで○×をつける。

分析法②　×の選択肢について誤っている部分を正しく書き直す。

分析法③　学習が進むたびに，該当するテキストのページ数や関連知識を過去問集へ書き込み，復習として読んでいく。

分析法④　常に携帯して，時間が空くたびに読み返す。

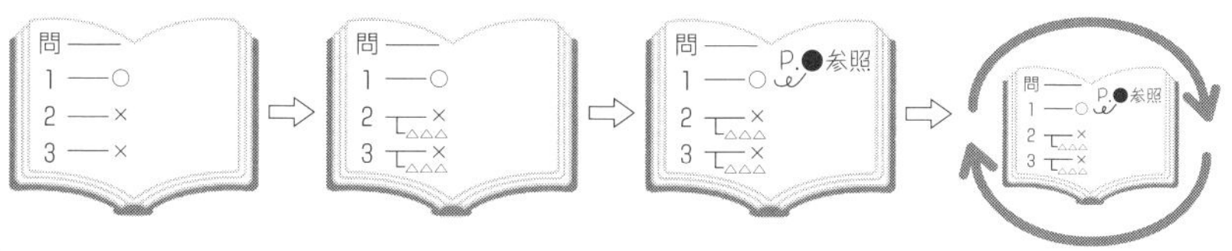


要するに**「すべての選択肢を正しい内容に変えてしまう」**ということです。学習スタート段階で過去問が解けなくても，この方法ならサクサクと作業ができるはずです。

この過程で，各科目における**「出題のされ方」**，**「問題文の長さ」**，**「特有の

**引っかけ方（トラップの作り方）」，「問題のおおよその難易度」，「頻出分野」**などが体感できることでしょう。

そうなのです。この作業を行う過程で，これから登るべき山の全体像がつかめるのです。そして，登るべき山をゴールから逆算して学習を進めるのです。

この作業もなく，ただ漠然と学習を進めていって，ゴールデンウィークの時期に「さて，学習も進んだし，そろそろ過去問集でもやってみるか。」というのでは効率が悪すぎます。最初から出題傾向を意識して，常に過去問に触れながら学習をしてきた人との間に，大きな差がつくのは当然です。

特に，**分析法③**が進むと，**過去問集を「テキスト」のように使うことができ，非常に実践的なインプットツールになります**。さらに，インプットと同時並行して，この過去問集を読むことで，効果的な復習にもなります。

あとは，**分析法④**の段階です。**生活の一部になるくらい，時間が空いたら過去問集に目を通しましょう**。「この方法だとペンも要らないから，スキマ時間にサクッと知識確認ができてよかった」という合格者の声も多いです。

通勤・通学時の電車を待つ間などに，バッグから過去問集を取り出して読むことを習慣にしていた人もいます。分厚い過去問集１冊をバッグに入れておくのは重いため，科目ごとに本を分割して持ち歩く人も，特に女性に多いです。

ただし，一点だけ注意が必要なのは「文章理解」です。文章理解とは，評論文を使った空欄補充・並べ替えを問うものなので，この方法ではなく，しっかりと解くようにしましょう。

鉄則 2

# 14 何年分くらい分析すればよいのか？

では，過去問は何年分くらい分析しておけばよいでしょうか。

欲をいえば，現行の試験制度になった**2006年度からの問題を分析するのがベスト**です。もしくは，区切りよく「直近10年分」です。とはいえ，受験生の大半は社会人で，お仕事をしながら学習をされているため，あまり無理はいえません。

そこで，**「憲法」，「民法」，「商法・会社法」，「一般知識」はまず５年分**を目標にしましょう。ただし，最重要科目である**「行政法」は最低でも10年分**の分析を行うべきです。出題問題数も多く，合否のカギを握る科目ですから手は抜けません。

さらに，**「文章理解」も10年分**は解いたほうがよいでしょう。ここ数年の「文章理解」は，**「空欄補充型」と「並べ替え型」の問題のみが出題**されています。したがって，過去10年分の過去問から「空欄補充型」と「並べ替え型」の問題だけを解いてもよいでしょう。「文章理解」の詳しい学習法はChapter 9でお話しします。

「過去問」は**自分の力で分析するからこそ，いろいろな発見ができます。**短期合格者はこのことをよく知っていて，学習に活かしています。とはいえ，特に初学者にとって，５年分だけでも分析することは負担が大きいのも事実です。

そこで，Chapter 3以降で，各科目の「過去問」10年分を徹底的に分析し，傾向と対策をアドバイスしています。**本書を一読したら，次は傍らにおいて過去問を自分自身で分析する**ようにしましょう。そうすれば，さらに合格のために必要な学習方針が明確になるはずです。これは特に独学で合格を手に入れるために欠かせません。

鉄則２・４

# 15 過去問の答えを覚えるほど繰り返したら？

過去問に関してはもう１つ話しておきます。過去問学習が進んだ人の中には「過去問の答えを覚えてしまって，もう過去問をやる意味がないんだよね」という方がいます。

この方は，おそらく「正誤判定が難なくできる＝**正解の選択肢がどれかを覚えている**」という意味でおっしゃっていると思うのですが，それは過去問の使い方を間違っています。

具体的な問題を使いながら検討してみましょう。2019年度問題31です。

**問題　質権に関する次の記述のうち，民法の規定および判例に照らし，妥当でないものはどれか。**

1　動産質権者は，継続して質物を占有しなければ，その質権をもって第三者に対抗することができず，また，質物の占有を第三者によって奪われたときは，占有回収の訴えによってのみ，その質物を回復することができる。

2　不動産質権は，目的不動産を債権者に引き渡すことによってその効力を生ずるが，不動産質権者は，質権設定登記をしなければ，その質権をもって第三者に対抗することができない。

3　略

4　不動産質権者は，設定者の承諾を得ることを要件として，目的不動産の用法に従ってその使用収益をすることができる。

5　略

（2019年度問題31正解４）

「質権」に関する問題で，正解は４です。おそらく先ほどの「過去問の答えを覚えている」という方は，妥当でないものは肢４で，それ以外の肢は妥当であることが瞬時にわかる（ほどに記憶してしまっている）とおっしゃりたいのでしょう。

しかし，過去問はもっと深いところまで味わわなければなりません。具体的には，その問題で直接問われていることを足がかりにして，**今後出題が予想さ**

**れる周辺知識（条文・判例）をも学習するツールとして使う**べきなのです。

たとえば肢１です。目的物が「奪われた」のではなく「紛失した」，「騙し取られた」場合は，占有回収の訴えは提起できるでしょうか？　占有回収の訴えの根拠条文は民法200条１項です。肢１を検討する際に六法を見ましょう。同項で終わらずに，同条２項の知識も確認しておきましょう。せっかくだから，占有の訴えの提起期間（同法201条）もチェックすればなお良しです。

他にも，肢２・肢４です。不動産質権者は管理費用等を負担しなければならない（同法357条）し，債権の利息を請求できません（同法358条）。不動産質権の存続期間は最長10年です（同法360条１項前段）。

これらの知識は，**本問で直接問われてはいませんが，そこまで条文をチェックするべき**です。関連判例が各自のテキストや判例集に掲載されているのなら，**判例もチェック**しましょう。

このように，過去問に関しては「過去問の答えを覚えてしまってもう過去問をやる意味がない」ということはなく，**過去問で直接問われていることを軸にして，関連する条文・判例を徹底的に自分のものにするべく使い倒すツール**なのです。過去問を通じて一気に周辺知識まで押さえ込んでいくことを心がけましょう。

鉄則２

# 16 体系別の過去問集で始めよう！

学習スタート段階から「過去問集」に取り組むことの重要性と有用性は，ご理解いただけましたか。

では，実際にどのような「過去問集」を用意すればよいでしょうか。

書店に行くと，行政書士試験の対策用にさまざまな書籍が並んでいます。その中から過去問集を探してみると，２種類あることに気づくでしょう。

１つは「体系別」，もう１つは「年度別」です。

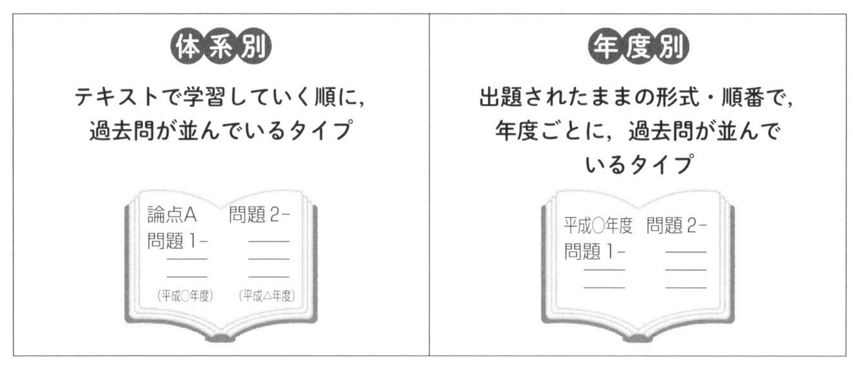


まず，普段の**学習用には「体系別」のもの**を選びましょう。特に，はじめて法律を学習する場合は，自分が使用するテキストと同じ順番で過去問が並んでいたほうが学習しやすいです。

「体系別」の過去問集を使い，テキストの該当ページなどの必要な情報をどんどん書き込んでいきましょう。余白が足りない場合は，付せんなどを使ってスペースを拡張しましょう。

鉄則 2

# 17 年度別の過去問集で「本試験脳」へチェンジ！

では，「年度別」の過去問集はいつ使うかというと，**それは総仕上げをする直前期**です。行政書士試験は，制限時間が3時間，出題数が60問で，「5肢択一式」，「多肢選択式」，「記述式」という出題形式があります。

直前期には，各スクールが実施する模擬試験もありますが，やはり模試と本試験は違います。最後は**「本試験脳への転換」**とでもいいましょうか，本番に向けたシフトチェンジが必要です。

一番効果的なのが，**本試験と同じ時間帯に解く**というものです。ですから，直前期から本試験までは，毎週日曜日の13時からぜひ過去問に取り組みましょう。

さらに，このときの**制限時間は「2時間30分」**で解きましょう。「え！　本番は3時間なのに？」と思われるかもしれませんが，思い出してください。

皆さんは，それまでに何度も繰り返し「体系別」の過去問集を読み込んでいるはずなのです。つまり，ほとんど正解できる（はず）ですし，時間も2時間30分で十分なレベルになっているはずです。

学習スタート段階においては，チンプンカンプンで答えを見ながら，「体系別」の過去問集に○×をつけていたことを考えると，自分の実力向上を確実に実感できることでしょう。**「解ける！」という圧倒的な自信を手に入れられる**ことは間違いありません。

また，年度別過去問は，「3年分」を解けば十分でしょう。順番は，**最後に直近の過去問を解く**ことをオススメします。というのも，直近の本試験であれば，皆さんが受ける本試験の試験委員の顔ぶれとそれほど変わっていないでしょうから出題傾向も近いと思われるからです。

# 合格者の勉強法

――このコーナーでは合格者の勉強法を講師の目線でご紹介します。

## Bさん（2019年度合格）

法律の学習経験なし。9回目のチャレンジで見事合格！

損害保険会社にお勤めのBさん。お仕事の関係で法律を学習する必要性があり，行政書士試験の受験を決意されました。

学習のスタート時は，行政書士試験は手軽に始められるという印象だったそうです。大手スクールの通信講座や通学講座を受講し，過去問を解いたり，テキストの図表を暗記したりという学習を続けられていました。

しかし，思ったような成果がなかなか出ないことから，基本に立ち返る学習スタイルに切り替えたそうです。特に興味深いのが，合格までの数年間は，最高裁判所へ裁判の傍聴に行っていたということ。一見，受験勉強とは関係がなさそうですが，傍聴に行ったおかげで，憲法の判例を読むことが苦ではなくなったとおっしゃっていました。

憲法や行政法の判例は，当然現実に生きている人が関わった実際の事件です。テキストで読むと無味乾燥なようですが，実際に裁判を傍聴するとリアルに感じられて判例学習が楽しくなるのでしょうね。

もちろん，実際に傍聴へ行けない方も多いはずです。そのような場合は，自分が当事者（たとえば，憲法判例で必ず学習する有名なマクリーンさん）になったつもりで判例を読んでみると，事件への興味が増すと思います。

そして，特筆すべきは，9回のチャレンジを経ての合格ということです。実際に，2011年から2019年までの受験記録のエクセル表を見せていただきました。受験をやめるというのも1つの選択肢です。しかし，Bさんのように粘り強く継続することも1つのやり方ではないでしょうか。

### Bさんが合格した理由

- 合格するまであきらめなかった不屈の闘志
- 裁判傍聴に出かけるなど理解のための独自の工夫

# Chapter 2

# テキストを決めたら手を広げない！

学習を始めるにあたって，まず必要なことは「テキスト選び」です。ここでは，テキスト・問題集の選び方から活用法まで，具体的にアドバイスします。

鉄則 3

# 18 インプット教材は「受験の相棒」

各科目の具体的な学習方法をお話しする前に，知識を習得するためのメインとなるテキスト，つまり**「インプット教材」**についてお話ししましょう。なにしろ１年間にわたって使い続ける，いわば**「相棒」のような存在**ですから，しっかりと選ばないといけません。

では，どのようにテキストを選べばよいのでしょうか。資格スクールに通う方は，各スクールのテキストがあるでしょうから，それを使用すればよいです。また，資格スクールに通われるのであれば，そのスクールのテキストを信じて使い倒してください。スクールのテキストに加えて，書店であれこれと対策本を買い込むようなことはオススメできません。

それに対して，独学の方は実際に書店に行き，行政書士試験の対策本を手にとって見てみてください。その中でも，まずは**各スクールが出している「１冊本」を１つ**選ぶとよいでしょう。

「１冊本」というのは，行政書士試験の全科目が１冊にまとめられているテキストです。**「法令科目」も「一般知識科目」も詰め込んでいる欲張りな本**なので，当然それなりの分量があります。

ときどき，独学の方から「各スクールの本をすべて揃えたほうがよいですか？」と聞かれることがありますが，必要ありません。これから相棒となる本ですから，文字の見やすさや説明の仕方，イラストの好みなどを踏まえ，**「これだ！」と自分が気に入ったもの**で学習しましょう。

## 独学にオススメ１冊本

| | | |
|---|---|---|
|  |  |  |
| 『出る順　行政書士　合格基本書』（東京リーガルマインド） | 『みんなが欲しかった！　行政書士の教科書』（TAC 出版） | 『うかる！　行政書士　総合テキスト』（伊藤塾編，日本経済新聞出版） |

### 法令科目用の辞書的な１冊なら，この本がオススメ！

法令科目を学習する際には，「辞書的な本」があると便利です。下記のオススメ本は司法試験用の書籍ですが，最近は受験経験のある行政書士試験受験生も使っていることが多いです。

ただし，学習１年目のような初学者の方は，必ずしも必要ありません。それよりも，テキストの理解・条文の読み込み・問題演習を通じた「知識の確認」に力を入れたほうがよいでしょう。

民法は特にオススメ !!

経験者向けのオススメ本

**『司法試験・予備試験　完全整理択一六法　民法』**
**『司法試験・予備試験　完全整理択一六法　商法』**←会社法の条文学習に最適！
**『司法試験・予備試験　完全整理択一六法　行政法』**

（いずれも，東京リーガルマインド）

鉄則 3

# 19 インプット教材を決めたら手を広げない！

いよいよ学習開始です。すでに述べたように，独学の方も，資格スクール生も，**学習スタート段階から「過去問分析」を同時並行的に行いつつ，知識をインプットしていきましょう。**

「過去問分析」を行うことで，日々の学習が効率的になります。「この部分は頻出だから徹底しよう」，「この部分は細かい知識が問われるから正確に覚えておこう」といったように，考えながら取り組むからです。

学習が進むと，多くの受験生が不安に思うことがあります。それは，「テキストの知識だけで足りるのか？」というものです。

この質問が「テキストに記載された知識をマスターすれば，合格に必要な知識は一通り身につくのか？」という意味であれば，答えは「イエス」。

一方で，「このテキストに載っていない部分は出題されないのか？」という意味であれば，答えは「ノー」です。

いくらよくできたテキストでも，出題可能性のあるすべての事項について掲載することは困難です。仮に掲載できたとしても，テキストの分量が尋常ではない厚さになるはずです。

皆さんの目標は，行政書士試験に合格することです。ましてや，多くは社会人。そんな分厚いテキストをこなす時間はありません。

なので，**ひとたび自分が使用するインプット教材を決めたら，「手を広げないこと」が大切**です。

鉄則 3

# 20 問題演習で知識を補充しよう！

ただ，「知らない知識が本番で問われたらどうしよう…」と，受験生の心理としては怖いわけです。この気持ちはよくわかります。

その結果，あれやこれや書店で新しいインプットテキストを追加で買い込んで来る受験生がいるのですが，それだけはやってはいけません！ インプット用のテキストをいったん決めたのならば，そのテキストをマスターするように努めることが肝要です。

「じゃあ，テキストに載っていない部分の知識補充はどうするの？」という疑問が当然出てきます。その部分については，問題集・模試の**問題演習を通じてフォロー**しましょう。

インプット用のテキストを何冊も買い込んで知識を補充するより，問題演習を通じて知識を補充したほうが間違いなく効率がよいです。なにより試験を受ける以上，問題が解けないと意味がないわけですから，問題演習を通じて，実戦的にテキストに掲載されていない知識を補充するという方法が最適です。

テキストに掲載されていない知識は，テキストの該当箇所に「問題集・問○肢△を補充」,「LEC ○○模試・問○肢△を補充」などと書き込んでおけば，情報集約もしっかりと図れます。

具体的にどのような問題集を使って知識を補充すればよいかは各 Chapter で紹介します。

鉄則３

# 21 直前期を意識して「学習四天王」に情報集約しよう！

さて，**情報集約**の話が出たので，その点についても触れておきましょう。

学習するうえでの情報集約というのは，**「該当箇所の関連知識を参照したいときにすぐに検索できるようにしておくこと」**をいいます。

「憲法」を例に考えてみましょう。学習においては，「**テキスト・六法・過去問集・問題集**」という「**学習四天王**」をずっと使うことになります。

そこで，たとえば憲法の「検閲」について学習しているときに，「各ツールの何ページに書いてあったのか」，「問題番号は何番だったか」などを，容易に検索できるようにしておくのです。

要するに，学習する際に，「あれ？　確か，この分野の知識でよく間違える問題があったよな…。問題集の何番だったっけ？」と考えてしまう事態を防ぎたいわけです。時間に余裕のある時期ならともかく，９月以降の直前期には時間の無駄です。精神的にもよいことはありません。

直前期でも複数の学習ツールを使うことを前提として，**すべての情報に容易にアクセスできるように加工しておきましょう。**自分の学習ツールがどのような状態だったら，直前期に快適かつ効率的に学習できるかを意識しながら，日々の学習において情報集約をしていくとよいでしょう。

よく「情報の一元化をしましょう！」ということを聞くと思います。もしもそれが「１冊のテキスト（ないしは問題集）」にすべての情報をまとめ上げるという意味でしたら，効率が悪いのでやめたほうがよいです。

前述したように，学習がどれだけ進んでも結局「学習四天王」は使うわけです。それなら，**「学習四天王」間の検索性を極限まで高めたほうが，作業としても楽ですし，網羅**できます。

とにかく，いかに無駄を省くか，効率化できるか，という視点は常に持っておきましょう。

### 〈情報を集約する方法〉

・「過去問分析」や「問題演習」の際に，テキストのページ数を過去問集・問題集にメモする。
・テキストに載っていない知識を試す問題を解いた際に，テキストの該当箇所にメモする。
・テキストに載っていない知識を，大きめの付せんに書いてテキストの該当箇所にはさみ込む。
・テキストに載っていない条文知識なら，テキストの該当箇所に条文番号をメモする。　など

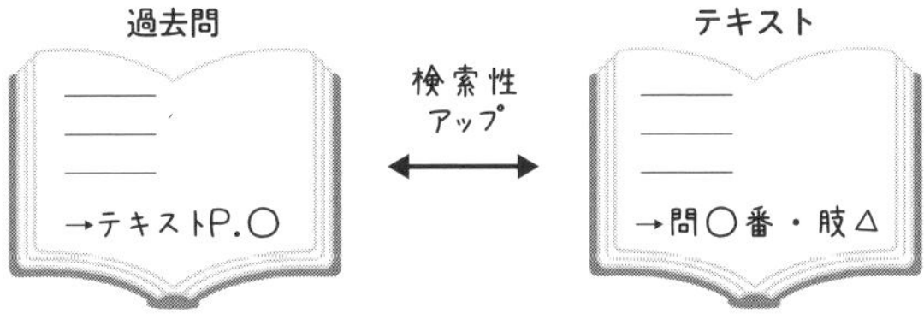

鉄則４

# 22 問題集には痕跡を残す！

問題集を解くにあたってどのような点に注意するべきでしょうか。

そもそも問題演習によって何をするのかというと，**知識補充**と**弱点のあぶり出し**です。ですから，当然その目標を達成することができるようにしないといけません。キーワードは**「痕跡を残す」**です。

## 痕跡１　必ず「日付」を入れる！

問題集を解く際は，いつ解いたのかという「日付」を必ず入れましょう。「日付」をメモすることによって，以前解いてから**どのくらいの時間が経ったのか**を可視化でき，**自分なりのデータを取ること**にも役立ちます。

また，この日付メモによって，**どのくらいの期間で問題集を一通り解き終われるか**という目安にもなります。

## 痕跡２　できなかった問題や選択肢を明らかにする！

たとえば，問題集で「問15」（５肢択一式）を解いたとしましょう。その問題で問われていること自体の理解があやふやで，全体的にできなかった場合は**問題番号にチェック**を入れます。

そうではなく，問題の意図はわかるけど，５つの選択肢のうち２つについて間違った場合は，その**選択肢にチェック**を入れておきます。演習では「知識があやふやだったけど偶然正解した選択肢」は「間違えた選択肢」としてカウントしてください。

そのチェックでは，**解いた回数に応じて色や印を変えるとよい**でしょう。たとえば，１回目に間違えた選択肢には「赤」，２回目は「青」，３回目は「緑」というような手順でチェックを入れると，すごくカラフルな選択肢が必然的に浮かび上がります。それこそが**「弱点部分」**なのです。あとは，その弱点を集中的に繰り返して攻略すればよいのです。このやり方は，いわば**5択の問題を苦手問題を中心とした「1問1答化」するということ**です。

**間違えた選択肢に極細の付せんを横向きに貼る**という合格者もいました。そして，できるようになったら付せんを剥がすというやり方です。このやり方も，苦手な選択肢を「1問1答化」するという意味では同じ効用があります。やはり合格者は「自分の頭で考えて」実践されていますよね。

また，合格体験記などに，「問題集は10回転しました！」と書かれていることがあります。実際はすべての問題に取り組むのは3回くらいで，その後はカラフルな選択肢を中心に解き，メリハリをつけているのです。このように苦手な問題や選択肢にしっかりと痕跡を残しておけば，問題演習においても手を広げすぎることはないでしょう。

最終的に自分の弱点分野が明確になったら，あとは繰り返し繰り返しその弱点をなくすことに注力するのです。

**〈痕跡を残す方法〉**

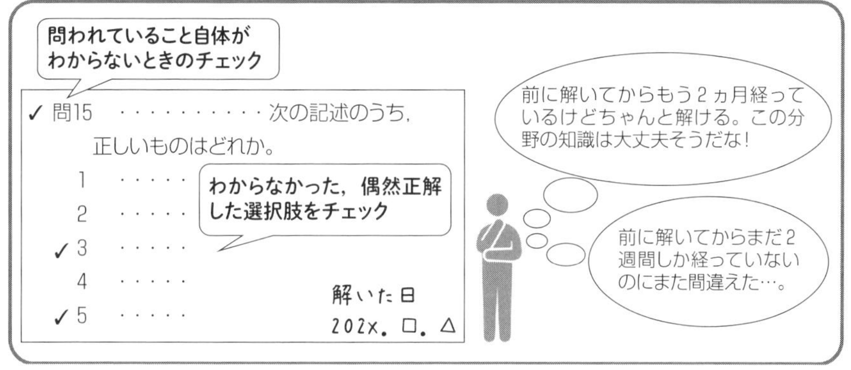

鉄則４

# 23 問題集は何回解けばよい？

正直なところ，「問題集は何回転させるべきか？」については，明確な回答はありません。あえていうなら，**「できるようになるまで」**です。つまり，「何回転させるか」が重要なのではなく，**「問題を解けるレベルまで知識が定着したか」**ということこそが大切だということです。

よく「過去問集・問題集を○回まわしました！」という人がいますが，「○回まわす」ことが重要なのではなく，○回繰り返すことで，**その問題の知識（ならびにその周辺知識）が定着したこと**こそが重要なのです。

１つの問題だけでなく，１つの選択肢においても解く回数は異なるはずです。たとえば，「問15」を解いたとしましょう。選択肢１に関しては，２回解いて完全に知識が定着したなら，その選択肢は，直前期に念のため見直すくらいで十分でしょう。解いた回数としては３回です。

逆に，何度やっても間違えてカラフルになった選択肢については，できるようになるまで何度も，10回でも20回でも解く必要があるのです。

このような話を聞くと，なんだか大変そうに思われるかもしれませんが，合格者も地道に苦手分野を繰り返して合格に必要な知識を得ているのです。

手を抜くことなくやっていきましょう！

鉄則 4

# 24 「無心暗記」

## 1　学習初期は「記憶のフック」を作りながら気楽に！

試験に合格するためには，知識を暗記しないといけません。もっとも，約1年にも及ぶ受験期間中，ずっと記憶し続けるのは無理というものです。

そこで，**暗記には強弱をつけることが大切**になります。具体的には，学習初期段階では「なるべく覚える努力をする」というレベルでかまいません。しばらくすると忘れてしまいますから，そのくらい**気楽な感じ**でよいです。その際は，なるべく具体例とともに記憶するなど後々思い出しやすいような**「記憶のフック」を作りながら暗記する**とよいでしょう。たとえば私のクラスであれば，私が説明した内容を思い出して「『無権代理人と相続』といえば，ドラ息子が出てきてメチャクチャやるやつかー」のようなフックでかまいません。

## 2　学習がある程度進んだら「理解」を中心に！

その後，**何度も短期間で同じ内容を繰り返す**ことになりますから，その際はしっかりと**「理解」**することにも努めましょう。たとえば「即時取得（民法192条）」であれば，制度趣旨を理解しつつ，各要件がどのような意味合いを持つのかを確認するイメージです。

## 3　直前期はひたすら「無心暗記」！

9月以降の直前期は，もう「記憶のフック」とか「理解」とか言っている時期ではありません。**暗記が十分でない部分については，徹底して覚え込んでいきましょう**。この時期は，余計なことは考えずにひたすら暗記する，いわば**「無心暗記」**を徹底します。そして何よりも，これが本試験の得点に直結します！

# 25 「暗記」するためのコツ

9月からの直前期は，嫌でも「暗記」を重点的にやらなければなりません。試験である以上，覚えるべきことを覚え込まないことには勝負にならないからです。

暗記で有名な方法に「ゴロ合わせ」があります。しかし，すべての出題範囲をゴロにするのは現実的ではありません。

**〈効率的に暗記するコツ〉**

1　「関連」づけて一気に暗記する。
　―ある事象に着目して，それと複数の事柄を結びつける。

2　制度が創設された「背景や趣旨」を踏まえて暗記する。
　―なぜ，その制度が創設されるに至ったのかを押さえる。

この2つのコツを押さえると，記憶に残りやすくなります。とはいえ，年数などのように，どうしても「丸暗記」しなければならない部分も多々あります。では，どうすれば正確に暗記できるのでしょうか。

それは忘却曲線を意識して効率的に「繰り返す」ことです。よほどの天才でもない限り，ある事柄を1回暗記しても，しばらく経つと忘れます。ですから，忘れないうちに再度，暗記し直すのです。

暗記にも実はコツがあります。

特に，受験勉強では自分に合う暗記法をはやく見つけられるとグッと楽になります。この『暗記のすごいコツ』にはさまざまなテクニックがまとめられているので，できれば学習のスタート時に読んで，習得しておくと直前期の暗記で差がつくはずです。

『図解でわかる
暗記のすごいコツ』
（碓井孝介 著，
日本実業出版社）

著者の碓井氏は，司法書士試験・公認会計士試験に合格されており，その受験人生で試行錯誤を繰り返しつつ築き上げた実践的な方法論が紹介されているので，行政書士受験生にもオススメです。

鉄則 3

# 26 ノート作りは作業であって勉強ではない！

学習スタートしたばかりの受験生から，「ノートは作ったほうがよいですか？」とよく聞かれます。結論からいうと，**作る必要はありません。**

なぜなら，どこが本当に重要かわからないまま作ることになりかねず，学習が進んでから見直すと，まるで使えないノートになるケースが多いからです。

さらに，もう1つの理由としては，ノート作りが「目的化」してしまうからです。自分なりに工夫して，見やすいノートを作り上げるわけですから，まるで作品のように感じます。しかし，重要なのは，試験に出題されそうなポイントをしっかりと理解して覚えていることなのです。

ノートを作るなら，**「情報集約」に時間を割いたほうが，はるかに有益**です。

それでも，どうしてもノートを作るなら，ある程度学習が進んだ時期に，「どうしてもまとめておきたい分野」，「直前期に一気に読み返したい分野」，「何度やっても間違える苦手分野」というテーマに特化するとよいでしょう。

「合格者の勉強法」で紹介するＬさん（p.150）は，**「記述式」で問われそうなもの**を無印良品のハンディノートにまとめ，民法で１冊，行政法で１冊作っていました。そのノートには，私が講義内で指摘した記述式で問われそうな箇所，記述式対策講座でできなかった箇所，模試で問われた箇所をまとめ，そのハンディノートを常にカバンに入れて通勤電車の中でひたすら読み返したそうです。

まさにＬさんが作ったノートは，**「どうしてもまとめておきたい分野」に特化して**作られたわけです。そして，そのようなノートであれば作ることにも意味があるのです。

# 合格者の勉強法

——このコーナーでは合格者の勉強法を講師の目線でご紹介します。

## Cさん（2012年度合格）

受験経験者。絶対にリベンジ合格を勝ち取りたいと，受験年の１月頃から勉強再開。

インプットはほぼできているため，問題演習にも早い段階から猛烈な勢いで取り組まれていました。仲のよい受験仲間と４人で，自主的なゼミをつくり，知識確認や問題演習を行っていたそうです（ちなみに，ゼミメンバーは全員合格されました）。

私のクラスでは，当時，民法の問題集として『タクティクス・アドバンス』（商事法務）を推薦していました。非常に厚くて，とてもじゃないけれども全部を検討するのはキツいため，その中から解くべき問題を私がピックアップしていました。ところが，Ｃさんは全部を解いていたのです。しかも，本試験までに40回転させたというのです！

正直，信じられませんでした。そこまで問題集を解いた人を未だかつて見たことがありません。言うまでもなく，そのレベルまで勉強したＣさんは，見事にリベンジを果たされました。しかも本試験では試験時間３時間のところ，すべての問題を２時間で終わらせたそうです。脱帽です…。

行政書士試験に合格された後は，司法書士試験にチャレンジ。2015年度の司法書士試験に受験２回目で見事合格されました。司法書士試験の「憲法」,「民法」はともに満点だったそうですが,「豊村クラス」でやったこと以上のことには手を広げなかったそうです。

### Ｃさんが合格した理由

- 刺激しあえる受験仲間を見つけられたこと
- 分厚い問題集を40回転するほどの圧倒的な学習量
- 2015年度には司法書士試験にも合格！

# Chapter 3

# 「基礎法学・憲法」の攻略法

**問題の形式**：５肢択一　（憲法５問・基礎法学２問），多肢選択（憲法１問）

**目標正答数**：憲法 **3 問**以上・基礎法学 **1 問**以上

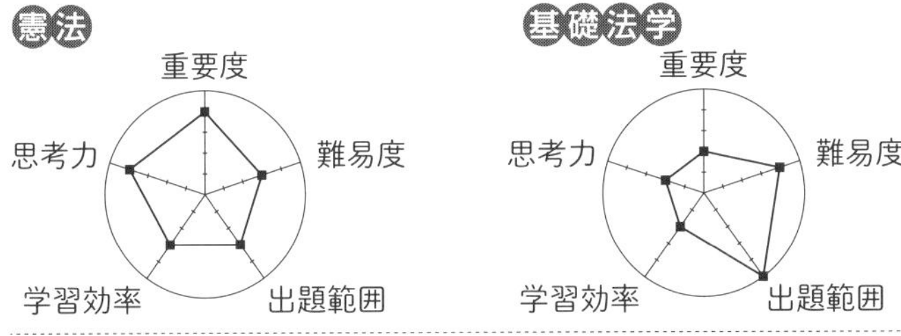

# 27 基礎法学はスマートに！

本書では，これから各科目の具体的な傾向と対策をお話ししていきます。具体的には，細かく出題傾向を分析し，実際に出題された過去問を検討します。**「手を広げずに」**学習を進めて，**「繰り返して記憶するべき対象」**を明らかにするためにも，この分析を参考に，自分自身の学習プランを練りましょう。まずは，「基礎法学・憲法」からです。

**法学全般の用語などを問われる**のが「基礎法学」です。範囲はとてつもなく広く，学習効率はよくありません。

対策としては，テキストに載っている分野を一通り読んだうえで，行政書士試験の過去問や模試を使って，知識の確認をしましょう。

それで十分です。**それ以上，手を広げることは得策ではありません**。「基礎法学」の学習に多大な時間を費やすくらいなら，メイン科目の「行政法」や「民法」に時間を投入するべきです。

「基礎法学」は，例年，２問出題され，そのうちの**１問は比較的取り組みやすいことが多い**です。

過去10年間（計20問）の出題を見ると，頻出の事項は以下のとおりです。

**〈頻出の事項〉**

- 法とは何か（法の解釈・法の分類等）　８問
- 紛争解決のシステム　５問
- 法令用語　５問

これらが問われた際は，なるべく取りこぼさないように得点しなければなりません。一方で，「基礎法学」は，頻繁に超難問が出題されます。

次ページにそれらの例として問題の一部を抜粋します。

■難問の例

**問題　裁判の審級制度等に関する次のア～オの記述のうち，妥当なものの組合せはどれか。**

ア～ウ　略

エ　上告審の裁判は，原則として法律問題を審理するもの（法律審）とされるが，刑事訴訟において原審の裁判に重大な事実誤認等がある場合には，事実問題について審理することがある。

オ　上級審の裁判所の裁判における判断は，その事件について，下級審の裁判所を拘束する。

1～4　略

5　エ・オ　　（2019年度問題2正解5）

本問は，「紛争解決」の中でも**「裁判上の紛争処理」**に関する出題です。もっとも，問われている内容は，裁判所法7条1号・裁判所法4条の知識（肢ア・肢オ）であったり，刑事訴訟法411条3号（肢エ）の知識です。**内容的にはかなり難しい**ですから，このような問題は（前提知識を持っている方以外は）**深入りしないことが得策**です。

■比較的取り組みやすい問題の例

**問題　次の文章の空欄［ア］～［エ］に当てはまる語句の組合せとして，妥当なものはどれか。**

「『犯罪論序説』は［ア］の鉄則を守って犯罪理論を叙述したものである。それは当然に犯罪を［イ］に該当する［ウ］・有責の行為と解する概念構成に帰着する。近頃，犯罪としての行為を［イ］と［ウ］性と責任性とに分ちて説明することは，犯罪の抽象的意義を叙述したまでで，生き生きとして躍動する生の具体性を捉えて居ないという非難を受けて居るが，…（中略）…［イ］と［ウ］性と責任性を区別せずして犯人の刑事責任を論ずることは，いわば空中に楼閣を描くの類である。私はかように解するから伝統的犯罪理論に従い，犯罪を［イ］に該当する［ウ］・有責の行為と見，これを基礎として犯罪の概念構成を試みた。本稿は，京都帝国大学法学部における昭和7-8年度の刑法講義の犯罪論の部分に多少の修正を加えたものである。既に『公法雑誌』に連載せられたが，このたび一冊の書物にこれをまとめた。」

以上の文章は，昭和８年に起きたいわゆる［ エ ］事件の前年に行われた講義をもとにした［ エ ］の著作『犯罪論序説』の一部である（旧漢字・旧仮名遣い等は適宜修正した。）。

1　ア　罪刑法定主義　イ　構成要件　ウ　違法　エ　瀧川
2～5　略

（2017年度問題１正解１）

本問は，「法令用語等」の中でも**「刑法の基本用語」**に関する出題です。法学部に限らず，大学の授業で「刑法」を履修したことのある方なら，「罪刑法定主義」，「構成要件該当→違法→有責」というのは問題なく入れられるはずです。

もっとも，そのような方でなくとも，空欄エは昭和８年に京都帝国大学法学部で起きた事件に関係していることがわかります。これは高校で「日本史」を履修した方なら，近現代史で習う「瀧川事件」であることはわかります。

そうすると，選択肢は１か５です。１も５も空欄アは「罪刑法定主義」で共通ですから，あとは空欄イ，空欄ウの勝負に持ち込めます。

**法律用語を調べるために自宅にあると便利な１冊**

独学の方でも，スクールに通っている方でも，自宅で学習している際に，見知らぬ「法律用語」に出くわすことがあると思います。特に独学の場合は，自分で解決しなければなりません。また，スクールに通う方も自分で即座に調べて，サクッと疑問を解決したほうが効率的です。

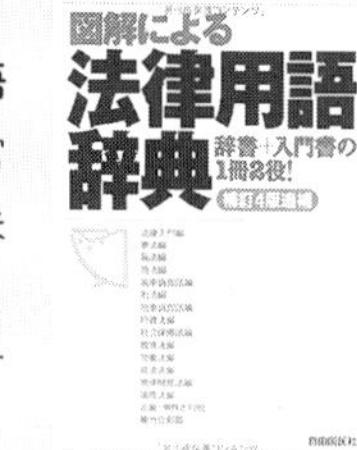


そんな時に手元にあると便利な本が**『図解による法律用語辞典』**（青柳幸一著，自由国民社）です。難解な用語も，非常にわかりやすく解説されています。「基礎法学」で出て来る未知の用語もほとんど載っています。とても分厚い本ですが，価格も良心的ですし，自宅の本棚に常備しておくとよいですよ。

# 28 憲法は「人権」と「統治」に分けられる！

憲法の出題は，人権分野と統治分野の大きく２つに分かれます。

・**人権**…基本的人権の内容や，その人権について争われた最高裁判所の判例（個別の事案に対して最高裁判所が下した判断）を学習します。

・**統治**…国会・内閣・裁判所の仕組みやそれぞれの権能，また，財政・地方自治について学習します。

ちなみに，「統治」は人権保障という最終目的を実現するための手段という位置づけです。「人権」と「統治」は，「目的」と「手段」という関係に立つのです。詳しくはテキストなどで学習することになりますが，本書を読むうえで漠然とでもイメージを持っておいてください。

まずは**人権**から見てみましょう。人権分野は，**判例**から出題されることが非常に多いです。ですから，判例学習を強化することが肝要です。

ただ一言で「判例」といっても，その問われ方はさまざまです。

## どう問われる？

①　複数の判例を問う。

②　１つの判例を掘り下げる。

③　現場で考えさせる。

出題傾向をつかむために，以下で実際に過去問を見てみましょう。

これから学習する人も今までの経験や常識で解けるかもしれません。軽い気持ちでチャレンジしてみてください。

# 29 「人権」の出題タイプ1 複数の判例を問う

**問題　法の下の平等に関する次の記述のうち，最高裁判所の判例に照らし，妥当でないものはどれか。**

1　憲法が条例制定権を認める以上，条例の内容をめぐり地域間で差異が生じることは当然に予期されることであるから，一定の行為の規制につき，ある地域でのみ罰則規定が置かれている場合でも，地域差のゆえに違憲ということはできない。

2　略

3　法定相続分について嫡出性の有無により差異を設ける規定は，相続時の補充的な規定であることを考慮しても，もはや合理性を有するとはいえず，憲法に違反する。

4　尊属に対する殺人を，高度の社会的非難に当たるものとして一般殺人とは区別して類型化し，法律上刑の加重要件とする規定を設けることは，それ自体が不合理な差別として憲法に違反する。

5　父性の推定の重複を回避し父子関係をめぐる紛争を未然に防止するために，女性にのみ100日を超える再婚禁止期間を設けることは，立法目的との関係で合理性を欠き，憲法に違反する。

（2016年度問題７正解４）

これは，「法の下の平等」についての**判例**に関する問題です。問われているのは選択肢の５つとも，『売春取締条例事件（最大判昭33.10.15)』（肢１）や『非嫡出子法定相続分違憲決定（最大決平25.９.4)』（肢３）や『再婚禁止期間違憲訴訟（最大判平27.12.16)』（肢５）といった基本的な判例です。どのテキストにも掲載されているような判例です。なお，**「最判」**というのは，最高裁判決を略したもので，**「最決」**というのは，最高裁決定を略したものです。判決が大法廷でなされたときは，**「最大判」**と略されます。

この「複数の判例を問うタイプ」は問題文を読んで，**「何の判例か（何条の問題か・事案)」**と**「その結論」**と**「結論に至る論理」**がわかれば，容易に正解を導き出せます。

# 30 「人権」の出題タイプ2 1つの判例を掘り下げて問う

この「1つの判例を掘り下げて問う」タイプの出題には，2パターンあります。**①問題に判決文が載っておらず既存の知識で解答するパターン，②問題に判決文が載っていてそれを読み解いて解答するパターン**の2つです。

まずは①から検討しましょう。

## ①　問題に判決文が載っておらず既存の知識で解答するパターン

**問題　次の1～5は，法廷内における傍聴人のメモ採取を禁止することが憲法に違反しないかが争われた事件の最高裁判所判決に関する文章である。判決の趣旨と異なるものはどれか。**

1　報道機関の取材の自由は憲法21条1項の規定の保障の下にあることはいうまでもないが，この自由は他の国民一般にも平等に保障されるものであり，司法記者クラブ所属の報道機関の記者に対してのみ法廷内でのメモ採取を許可することが許されるかは，それが表現の自由に関わることに鑑みても，法の下の平等との関係で慎重な審査を必要とする。

2～5　略　　　　　　　　　　　　　　　　　　　　（2013年度問題7正解1）

本問は，「レペタ事件（最大判平元.3.8）」という有名な判例について問うものです。最高裁判所が示した判断をより詳細に問うものですから，**「判旨の重要ポイント」**をしっかり理解しておく必要があります。

「レペタ事件」では，「裁判所において傍聴人がメモを取る自由」と「裁判の公開」がポイントとなりますが，その両方をこの1つの問題で問うています。判例の全体像をつかんでいないと，なかなか骨が折れます。

**問題　最高裁判所は，平成11年に導入された住民基本台帳ネットワークシステム（以下「住基ネット」という。）について，これが憲法13条の保障する自由を侵害するものではない旨を判示している（最一小判平成20年３月６日民集62巻３号665頁）。次の記述のうち，判決の論旨に含まれていないものはどれか。**

1　略

2　自己に関する情報をコントロールする個人の憲法上の権利は，私生活の平穏を侵害されないという消極的な自由に加えて，自己の情報について閲覧・訂正ないし抹消を公権力に対して積極的に請求する権利をも包含している。

3～5　略　（2016年度問題４正解２）

本問は，「住基ネット訴訟（最判平20.3.6）」の知識を問うています。この判例に関しては，ほとんどの受験生が学習しています。

しかし，このタイプの問題が厄介なのは，すべての選択肢を使って１つの判例の知識を問うてくるので，判例の深い理解が求められるということです。よく憲法の判例学習では，**「結論だけ覚えるのではなく，その結論に至った論理の流れを押さえないといけない」**と言われますが，それはこのタイプの問題が出題されうるからなのです。

内容面でも，肢２は判決文ではそのようなことを「述べていない」から誤りなのですが，正解するにはある程度長い判例を読んでおく必要があります。

近年の資格スクールの基幹講座で使用するメインテキストは，ある程度長めに判例が載っていることが多いでしょうから，資格スクールに通われている方なら，基幹講座のメインテキストをしっかりと復習して対応できます。独学の方なら判例集を使用することで対応しましょう（オススメの判例集はp.60参照）。

## ②　問題に判決文が載っていてそれを読み解いて解答するパターン

では次に，②のパターンを検討してみましょう。2012年度問題６です。これも非常に有名な「国籍法３条１項違憲判決（最大判平20.6.4）」が素材となっています。

**問題　次の文章は，ある最高裁判所判決において，国籍取得の際の取り扱いの区別が憲法14条に違反するか否かにつき，審査するに当たっての基本的考え方を示した部分である。次の記述のうち，この文章から読み取れない内容を述べているものはどれか。**

憲法10条は，「日本国民たる要件は，法律でこれを定める。」と規定し，これを受けて，国籍法は，日本国籍の得喪に関する要件を規定している。憲法10条の規定は，国籍は国家の構成員としての資格であり，国籍の得喪に関する要件を定めるに当たってはそれぞれの国の歴史的事情，伝統，政治的，社会的及び経済的環境等，種々の要因を考慮する必要があることから，これをどのように定めるかについて，立法府の裁量判断にゆだねる趣旨のものであると解される。しかしながら，このようにして定められた日本国籍の取得に関する法律の要件によって生じた区別が，合理的理由のない差別的取扱いとなるときは，憲法14条1項違反の問題を生ずることはいうまでもない。すなわち，立法府に与えられた上記のような裁量権を考慮しても，なおそのような区別をすることの立法目的に合理的な根拠が認められない場合，又はその具体的な区別と上記の立法目的との間に合理的関連性が認められない場合には，当該区別は，合理的な理由のない差別として，同項に違反するものと解されることになる。

以下略

1～5　略　（2012年度問題6）

このタイプは，判例の「結論」だけでなく，**「論理の流れ」を事前に知っておくことが大切**です。

もちろん，判例が引用されているので，現場で読んで内容をつかむという方法もできます。しかし，問題文の判例を，内容をわかったうえで再確認的に読むのと，現場ではじめて読むのでは，時間のかかり方が違います。

ですから，事前に判例の結論部分のみならず，論理の流れを押さえておくことが大切なのです。

# 31 「人権」の出題タイプ３
# 現場で考えさせる

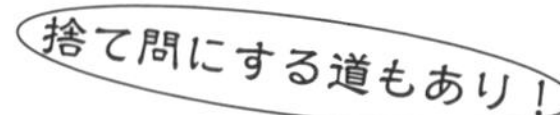


**問題　行政書士をめざすＡ君は，いくつかの最高裁判所判決を読みながら，その重要な部分を書き取ったカードを作成し，判例の論理をたどろうとしていたところ，うっかりしてカードをばらまいてしまった。その際に，要約ミスのため捨てるはずだった失敗カードが１枚混ざってしまったため，全体としてつじつまがあわなくなった。以下の１～５のうち，捨てるはずだった失敗カードの上に書かれていた文章はどれか。**

１～４　略

５　おもうに，右条項に基づく個人の経済活動に対する法的規制は，個人の自由な経済活動からもたらされる諸々の弊害が社会公共の安全と秩序の維持の見地から看過することができないような場合に，消極的に，かような弊害を除去ないし緩和するために必要かつ合理的な規制である限りにおいてのみ許されるべきである。

（2014年度問題４正解５）

2014年度問題４も見ておきましょう。この問題は，問題文に「いくつかの最高裁判所判決を……」とありますが，**何の判決かは書いていない**です。たとえば肢２から「小売市場判決（最大判昭47.11.22）」のことだとわかっても，その他に何個の判決をＡ君が読んでいたのかは不明です。受験生の立場からすれば，本試験会場で**頭が真っ白になりかねない問題**といえます。

このような問題によって心を惑わされたり，不必要な時間を取られたりするくらいなら，とりあえずササッと飛ばしましょう。

このタイプには深入りせず，**ひらめかないなと感じたら，解ける問題に移りましょう**。「憲法」で出題される５肢択一式の５問中，「３問正解」を目標とするなら，**ひらめかない問題以外で正解できればよい**のですから。

深入りしないためにも，時間配分を事前に決めておくようにしましょう。

# 32 「統治」の出題タイプ1 単純な条文知識を問う

統治は**「条文」からの出題が非常に多い**です。出題のタイプは大きく3つに分類できますから，順に見ていきましょう。まずは単純な条文知識を問うタイプです。

**問題　立法に関する次の記述のうち，必ずしも憲法上明文では規定されていないものはどれか。**

1　略

2　内閣は，法律案を作成し，国会に提出して，その審議を受け議決を経なければならない。

3～5　略　（2016年度問題5正解2）

**問題　内閣に関する次の記述のうち，憲法の規定に照らし，妥当なものはどれか。**

1～3　略

4　法律および政令には，その執行責任を明確にするため，全て主任の国務大臣が署名し，内閣総理大臣が連署することを必要とする。

5　略　（2017年度問題5正解4）

2016年度問題5は「立法」，2017年度問題5は「内閣」に関する単純な条文問題です。このタイプの問題は，**完全なボーナス問題**であり，合格者はまず落としません。

このタイプの問題に対応するために，条文をしっかりと読み込んで，**基本知識を地道に暗記**しておきましょう。逆にいえば，正確に暗記さえしていれば，本試験でも短時間で解くことができるので得点源になります。

# 33 「統治」の出題タイプ2 判例の知識を問う

**問題　司法権の限界に関する次の記述のうち，最高裁判所の判例の趣旨に照らし，妥当でないものはどれか。**

1・2　略

3　衆議院の解散は高度の政治性を伴う国家行為であって，その有効無効の判断は法的に不可能であるから，そもそも法律上の争訟の解決という司法権の埒外にあり，裁判所の審査は及ばない。

4・5　略

（2015年度問題6正解3）

「統治」は基本的に条文からの出題が多いですが，**判例も出題されます**。特に「司法権」に関する判例は，今後も出題が予想されますから，しっかりと学習しておいたほうがよいでしょう。

「司法権」の判例を学習する際は，それが「司法権の範囲」の判例か，「司法権の限界」の判例かを意識することを忘れないでください。

**〈「司法権」で登場する主な判例〉**

| 「司法権の範囲」 | 「司法権の限界」 |
|---|---|
| ・警察予備隊訴訟（最大判昭27.10.8）<br>・板まんだら事件（最判昭56.4.7）<br>など | ・砂川事件（最大判昭34.12.16）<br>・富山大学事件（最判昭52.3.15）<br>・地方議員出席停止処分取消等請求事件（最大判令2.11.25）<br>など |

# 34 「統治」の出題タイプ3 現場で考えさせる

**問題　議事手続は，最終的には各議院の自律権にゆだねられる問題だとしても，憲法が定める定足数のハードルの低さを考慮に入れると，ごく少数の議員のみによって議決が成立することのないよう配慮しつつ，多数決による議決の成立可能性を確保するよう慎重な考慮が求められる。次に掲げるのは，かつて衆議院における議事手続について争われた事例である。そこで採られるべき妥当な解決として，先例および通説の立場を示すのは，次の1～5の記述のうちどれか。**

1948年10月14日，衆議院における内閣総理大臣指名の手続において，以下のような投票が行われた。

議員定数　466
吉田茂　184票
片山哲　87票
その他　43票
白票　86票

1～5　略　（2010年度問題7）

統治においても，現場で考えさせるタイプの問題がありますが，はっきり言って，普通は学習していないようなこのような問題は飛ばすべきです。「人権」のところでお話ししたことと同じように，現場でも焦ることなく，淡々と確実に解ける問題に取り組みましょう。**他の基本的な問題であれば容易に解けるはず**ですから，確実に得点して次の科目に進むべきです。

# 35 判例は「事案→結論→論理の流れ」の順に学習する！

では，判例はどのように学習すればよいでしょうか。ここでは，**「判例の読み方」**についてお話ししましょう。

なお，判例は「憲法」だけでなく，「民法」と「行政法」においても出題されます。ここでのポイントをこれらの科目でもぜひ活かしてください。

## 判例の読み方

### Step 1 「事案」をつかむ――いったい何が争われているのか？

判例を学習する際，まずは「事案」をつかみましょう。最高裁判所で争うほどですから，**何かよほど大事な点について争っている**はずです。その点を的確につかむのです。次の例で見てみましょう。

**■例 「津地鎮祭事件（最大判昭52.7.13）」**

三重県津市が，市体育館の起工式における地鎮祭の際に，神官に対して7,663円を公金から支出したことが，政教分離規定（憲法20条・89条）に反するのではないかが争われ，津市市議会議員が市長に対して損害補填をすることを求めて住民訴訟（地方自治法242条の２）を提起した。

この事件は，津市が行った公金支出が政教分離規定に反しないかが争われました。具体的には，本件起工式が憲法20条３項で禁止される「宗教的活動」にあたるのではないかが問題になっています。

「事案」を押さえられれば，問題文を読んだ時に，**「何の判例なのか」，「具体的には何を争っているのか」**がつかめるようになります。このことを意識して学習しましょう。

### Step 2 「結論」を押さえる――事案と結論をビシッと一致させる

民法はここまででOK！

本来なら，判例がどのような「論理の流れ」をたどって結論に至ったのかを学習するのが筋でしょうが，試験対策という観点からは，まず**「結論」**を押さえましょう。

「津地鎮祭事件」でいうなら，本件起工式は憲法20条３項で禁止される「宗教的活動」にはあたらない，が結論です。この部分はしっかりと覚える必要があります。

### Step 3 「論理の流れ」を押さえる――キーワードに注目する！

憲法＆行政法はここまで対策！

結論を確認したら，最高裁判所が**「どのような論理の流れで結論に至ったのか」**を押さえていきます。

「津地鎮祭事件」においては，憲法20条３項で禁止される「宗教的活動」にあたるか否かを判断する基準として，有名な「目的効果基準」が登場します。

論理の流れを押さえられると，「結論」も記憶に残りやすくなります。さらに，１つの判例を掘り下げる問題にも対応できる力が身につきます。

**憲法**は，前述のように長めの判例を引用して問うものが多く出題されるため，**「事案」**，**「結論」**をしっかりと押さえて，**「論理の流れ」**までつかみましょう。

**行政法**は，択一式問題では，**「事案」**と**「結論」**がわかれば解ける問題が多いです。しかし，多肢選択式問題においては，判例が長く引用されて出題されることがありますから，最重要判例については**「論理の流れ」**まで押さえておくほうが無難でしょう。

一方，**民法**は，「事案」と「結論」を押さえておけば解ける問題が多い傾向にあります。

特に独学の方はインプット教材とは別に，「判例集」を用意し，事前に多くの判例に触れて準備しておくようにしましょう。とはいえ，判例の原文を読むのは受験勉強としては非効率です。そこで，オススメの判例集を２つご紹介します。

## オススメ判例集

| 『みんなが欲しかった！<br>行政書士の判例集』　（TAC 出版） | 『憲法判例50！〔第２版〕』<br>（上田健介，尾形健，片桐直人 著，有斐閣） |
|---|---|
| <br>各判例の判旨が，かなり長く引用されています。判例紹介の後には，知識確認問題が掲載されているものもあり，理解が進みます。 | <br>各科目の重要判例をわかりやすく解説した良書。各判例の「読み解きポイント」がQに，「この判決が示したこと」がAになっているので，その部分だけを直前期に読めば一気に判例知識が習得できます。 |

# 36 判例を人に話してみよう！

判例の学習では，自分がきちんと理解しているのか，誤って覚えていないかが非常に気になります。そんな時は，**「人に話してみる」**とよいでしょう。

**この方法は，判例だけではなく，学習全般において役立ちます。**人に話すことで，理解を正しい方向に持っていくことができるのです。

## チェック方法1　きちんと理解しているか？

理解していないと人にわかりやすく伝えることはできません。そこで，**法律の学習をしたことがない人**に話してみましょう。家族でも友人でも恋人でもかまいません。

「こういう事案で，こういう点が問題になって，最高裁判所は□□□という結論を出したんだよね。なぜかっていうと△△△」という感じで話してみるのです。

相手が「へーそうなんだ！　すごくわかりやすかったよ！」という感想を抱いてくれたのなら，きちんと理解しているということになります。

## チェック方法2　誤って覚えていないか？

せっかく勉強をしても，誤って覚えていては意味がないですよね。それを防ぐ1つの手段としては，皆さんと同じく**法律の学習をしている人に話してみる**ことをオススメします。

「この判例は△△という理解でいいんだよね？」と言ったことに対して，「いや，そうではなくて□□ということじゃないかな？」と指摘されることもあるでしょう。その時点では，どちらが正しいのかはわかりませんが，とにかくその判例について，いま一度しっかりと学習する契機になるはずです。

実際に，切磋琢磨できる受験仲間とゼミをつくり，話す機会を増やすことで，知識の習得に役立てている人も多いです。ある合格者は「間違って覚えてしまうと，なかなか自分では修正できないので，人に話すというのはとても役立ちました」と話していました。

もっとも，通信で学習をされている方や独学の方は，ゼミを組むことが困難ですよね。その場合は，**過去問集・問題集・模試の判例問題を集中的に解きましょう**。

その際，正解したか否かのみならず，ご自身の**判例集を必ず参照する**ようにしたら，判例に触れる機会が必然的に増えるので，誤った知識になりにくくなるはずです。

# 37 空欄補充問題を攻略する！

憲法は，**「人権は判例」**，**「統治は条文」**に関する知識があれば，基本的に解けるようになります。インプットはこの点を意識して進めましょう。

そこで，次はアウトプットについてです。単純正誤問題**以外**だと，問題形式は以下の3つに分けられます。

**問題形式**

1　空欄補充問題　　2　組合せ問題　　3　個数問題

## 空欄補充問題①（リード文にヒントあり）

**問題　次の文章は，平等原則について，先例として引用されることの多い最高裁判所判決の一部である。文中の空欄［ア］～［エ］にあてはまる語句の組合せとして，正しいものはどれか。**

思うに，憲法14条1項及び地方公務員法13条にいう社会的身分とは，人が社会において占める継続的な地位をいうものと解されるから，高令（齢）であるということは右の社会的身分に当らないとの原審の判断は相当と思われるが，右各法条は，国民に対し，法の下の平等を保障したものであり，右各法条に列挙された事由は［ア］なものであって，必ずしもそれに限るものではないと解するのが相当であるから，原判決が，高令（齢）であることは社会的身分に当らないとの一事により，たやすく上告人の……主張を排斥したのは，必ずしも十分に意を尽したものとはいえない。しかし，右各法条は，国民に対し［イ］な平等を保障したものではなく，差別すべき［ウ］な理由なくして差別することを禁止している趣旨と解すべきであるから，［エ］に即応して［ウ］と認められる差別的取扱をすることは，なんら右各法条の否定するところではない。

（最大判昭和39年5月27日民集18巻4号676頁以下）

| | ア | イ | ウ | エ |
|---|---|---|---|---|
| 1 | 具体的 | 形式的 | 客観的 | 事柄の性質 |
| 2 | 例示的 | 絶対的 | 合理的 | 公共の福祉 |
| 3 | 例示的 | 相対的 | 合理的 | 事柄の性質 |
| 4 | 具体的 | 一般的 | 実質的 | 公共の福祉 |
| 5 | 例示的 | 絶対的 | 合理的 | 事柄の性質 |

（2010年度問題４正解５）

「空欄補充問題」は，**空欄の前後に必ずヒントがあります**。さらに，用意されている選択肢があるなら，時間短縮のために必ず活用しましょう。

**●まずは，問題文を読む！**

本問は，リード文にヒントがあるパターンです。リード文によると，本問は「平等原則」の問題で，「最高裁判所判決」の内容について問われていることがわかります。この段階で，これまでの学習から，日本国憲法14条１項（法の下の平等）の**判例がいくつか頭に浮かぶ**はずです。

**●ヒントを探す！**

そこで，**空欄の前後にヒントがある**ということを前提に，空欄アを検討しましょう。直前には「右各法条に列挙された事由は」とあり，直後には「必ずしもそれに限るものではないと解するのが相当」とあります。

これは憲法14条１項後段の「人種，信条，性別，社会的身分又は門地」が例示列挙であるということをいっており，受験生にとって基本的な知識です。

ですから，空欄アには「例示的」が入るとわかります。

**●選択肢を絞る！**

次に，空欄イに入るのは…ではありません！

選択肢を見てみましょう。すると，空欄アを「例示的」としている選択肢は２・３・５ですね。**この時点で選択肢１・４は検討する必要はなくなります**。

さらに，選択肢２・３・５から，**空欄イは「絶対的」か「相対的」に絞れます**。それを前提に問題文を見ると，空欄イの後は「な平等を保障したものではなく」とあり，文末には「と認められる差別的取扱をすることは，なんら右各法条の否定するところではない。」と書かれています。

ここで，空欄イに「相対的」と入れると文末と意味が整合しません。絶対的な平等を保障したものではないからこそ，一定の場合には差別的取扱をすることが許容されるという流れになるはずだからです。

ですから，空欄イには「絶対的」が入ります。ちなみに，「絶対的平等」というのは，個人間におけるいかなる差別的取扱も許容しないという考え方です。この時点で，選択肢は2か5に絞れました。

**●なるべく楽に選択肢を絞る！**

さらに，選択肢2も5も，空欄ウは「合理的」となっているので，**空欄ウを検討する必要はありません**。最後は，空欄エを検討すればOK。空欄エの後には「に即応して」とあります。「即応」の意味を考えれば，日本語的にも「事柄の性質」が入ることがわかります。

## 空欄補充問題②（リード文にヒントなし）

**問題　次の文章の空欄［ア］～［オ］に当てはまる語句の組合せとして，妥当なものはどれか。**

未決勾留は，刑事訴訟法の規定に基づき，逃亡又は罪証隠滅の防止を目的として，被疑者又は被告人の［ア］を監獄内に限定するものであつて，右の勾留により拘禁された者は，その限度で［イ］的行動の自由を制限されるのみならず，前記逃亡又は罪証隠滅の防止の目的のために必要かつ［ウ］的な範囲において，それ以外の行為の自由をも制限されることを免れない……。また，監獄は，多数の被拘禁者を外部から［エ］して収容する施設であり，右施設内でこれらの者を集団として管理するにあたつては，内部における規律及び秩序を維持し，その正常な状態を保持する必要があるから，……この面からその者の［イ］的自由及びその他の行為の自由に一定の制限が加えられることは，やむをえないところというべきである……被拘禁者の新聞紙，図書等の閲読の自由を制限する場合……具体的事情のもとにおいて，その閲読を許すことにより監獄内の規律及び秩序の維持上放置することのできない程度の障害が生ずる相当の［オ］性があると認められることが必要であり，かつ，……制限の程度は，右の障害発生の防止のために必要かつ［ウ］的な範囲にとどまるべきものと解するのが相当である。

（最大判昭和58年6月22日民集第37巻5号793頁）

| | ア | イ | ウ | エ | オ |
|---|---|---|---|---|---|
| 1 | 居住 | 身体 | 合理 | 隔離 | 蓋然 |
| 2 | 活動 | 身体 | 蓋然 | 遮断 | 合理 |
| 3 | 居住 | 日常 | 合理 | 遮断 | 蓋然 |
| 4 | 活動 | 日常 | 蓋然 | 隔離 | 合理 |
| 5 | 居住 | 身体 | 合理 | 遮断 | 蓋然 |

（2020年度問題３正解１）

**●問題文を読む！**

本問は，リード文に何についての判例かのヒントがありません。したがって，判決文を読み進めながら，**何についての判例かを探っていく**ことになります。

**●ヒントを探す！**

問題からヒントを探します。本問の判例は**「最大判」**とありますから，大法廷の判決です。憲法上有名な大法廷判決であれば，しっかりした学習をした皆さんなら必ず知っている判例ということになります。

判決文を読み進めると，「未決勾留」，「監獄」，「被拘禁者の新聞紙，図書等の閲読の自由を制限する場合」というキーワードが目に入ります。

ここまで来たら，わかりますよね？　そうです！「よど号ハイジャック新聞記事抹消事件」です。当然学習してきた内容です。

**●選択肢を絞る！**

このタイプの問題は，入れられる箇所から入れていってかまいません。たとえば，空欄エは「隔離」だとわかりますよね。あくまで一定の場所に引き離しておくだけだからです。また，空欄オは，「よど号ハイジャック新聞記事抹消事件」における重要キーワードです。「相当の蓋然性」ですよね。すると，この段階で肢１が正解だとわかります。

空欄補充型・組合せ型（後述）の問題は，すべてがわからずとも正解を導き出すことができることが往々にしてあります。１つわからないからといって諦めないことが肝要です。

# 38 組合せ問題を攻略する！

**問題　憲法訴訟における違憲性の主張適格が問題となった第三者没収に関する最高裁判所判決＊について，次のア〜オの記述のうち，法廷意見の見解として，正しいものをすべて挙げた組合せはどれか。**

ア　第三者の所有物の没収は，所有物を没収される第三者にも告知，弁解，防禦の機会を与えることが必要であり，これなしに没収することは，適正な法律手続によらないで財産権を侵害することになる。

イ　かかる没収の言渡を受けた被告人は，たとえ第三者の所有物に関する場合であっても，それが被告人に対する附加刑である以上，没収の裁判の違憲を理由として上告をすることができる。

ウ　被告人としても，その物の占有権を剥奪され，これを使用・収益できない状態におかれ，所有権を剥奪された第三者から賠償請求権等を行使される危険に曝される等，利害関係を有することが明らかであるから，上告により救済を求めることができるものと解すべきである。

エ　被告人自身は本件没収によって現実の具体的不利益を蒙ってはいないから，現実の具体的不利益を蒙っていない被告人の申立に基づき没収の違憲性に判断を加えることは，将来を予想した抽象的判断を下すものに外ならず，憲法81条が付与する違憲審査権の範囲を逸脱する。

オ　刑事訴訟法では，被告人に対して言い渡される判決の直接の効力が被告人以外の第三者に及ぶことは認められていない以上，本件の没収の裁判によって第三者の所有権は侵害されていない。

（注）　＊　最大判昭和37年11月28日刑集16巻11号1593頁

1　ア・イ
2　ア・エ
3　イ・オ
4　ア・イ・ウ
5　ア・エ・オ　　（2020年度問題 7 正解 4 ）

「組合せ問題」というのは，「正しいものの組合せはどれか」あるいは「誤っているものの組合せはどれか」と問われる形式です。憲法では**「組合せ問題」の出題は正直多くありません**が，出題されたときに備えて準備はしておきましょう。以下で解き方を解説します。

**●問題文を読む！**

では，問題を検討していきましょう。この判例は大法廷の判決ですし，問題のリード文に「第三者没収に関する」とありますから，容易に「第三者所有物没収事件」だとわかります。

**●選択肢を絞る！**

組合せ問題は，すべての選択肢の知識が正確になかったとしても消去法で正解にたどり着くことができることが多くあります。

「第三者所有物没収事件」では，①憲法31条が「手続の法定」のみならず「手続の適正」まで要求しているか？　②第三者に告知・弁解・防御の機会を与えずにした没収は憲法29条・31条に反しないか？　③被告人に主張適格があるか？　の３点が問題となります。

「第三者所有物没収事件」で最高裁は，③に関して被告人が第三者の憲法上の権利に対する侵害を主張することができると判断していますから，明らかに肢エは誤っています。この時点で，肢エを含む２・５は消えます。

また，肢アは上記②・肢イは上記③・肢ウは上記③に関するものとしてテキスト・判例集に掲載されている基本知識です。正解は４です。

本問は，ほとんどの肢が基本知識だったので，芋づる式に正解が出ましたが，「組合せ問題」は，すべての肢の知識がなくとも消去法で正解することも可能ですから，ぜひ得点源にしてください。

# 39 個数問題を攻略する！

**問題**　次のア～オのうち，議院の権能として正しいものはいくつあるか。

ア　会期の決定
イ　議員の資格争訟
ウ　裁判官の弾劾
エ　議院規則の制定
オ　国政に関する調査

1　一つ
2　二つ
3　三つ
4　四つ
5　五つ　（2013年度問題６正解３）

「個数問題」は，正しいものあるいは誤っているものの数を問う形式です。

実は，憲法では**「個数問題」もそれほど出題されません**（過去11年で，2013年度問題６・2010年度問題３のみ）。このタイプの問題は，**すべての選択肢について正確な知識が求められます**から，その意味で難易度は高くなります。学習を始めたらどんどん問題演習をして知識の確認・補充をしていきましょう。知識が曖昧で，時間がかかりそうであれば，いったん飛ばすというのも１つの戦略です。

――このコーナーでは合格者の勉強法を講師の目線でご紹介します。

## Dさん（2019年度合格）

社労士とのダブルライセンスで業務の幅が拡大！

大手企業の勤務社労士として働くDさんは，外国人雇用が増える中で，行政書士の資格も取得すれば業務の幅が広がると考えて受験を決意されました。

私が印象に残っているのは，「計画性の優れた学習」です。Dさんは「豊村ゼミ」の出身で，このゼミが開講する2月中旬までに，すでに民法の講義と問題演習を一通り終えられていました。

ゼミが開講してからは，次回のゼミで扱う学習範囲の講義を再度視聴して，問題を解いてからゼミに参加されていました。つまり，ゼミを受講する時点で，講義＋問題演習を2回転させていることになるのです。そして，その範囲をゼミで学習するのですから，短期間で3回転させていることになります。短期間で繰り返す方法を自ら考えて実践されていたのです。

7月頃にDさんの問題集を見せてもらうと，その時点で弱点部分を明確にメモされていたのを覚えています。その後，本試験までの8月，9月，10月，11月で一気に何度も繰り返して復習されたでしょうから，実力は相当なものになったはずです。

記述式対策では，資格スクールの講座のみならず，市販問題集も使って学習し，問題をたくさん解くことで安心できたそうです。

### Dさんが合格した理由

- 受験の目的がキャリアデザインと明確に結びついていたこと
- 計画的に短期間で繰り返す学習法を徹底したこと
- 自分にとって有用な学習プランを自分でしっかり考えて取り組んだこと

# Chapter 4

# 「民法」の攻略法

**問題の形式**： 5肢択一 9問，記述 2問
**目標正答数**： 5肢択一で **6** **問**以上

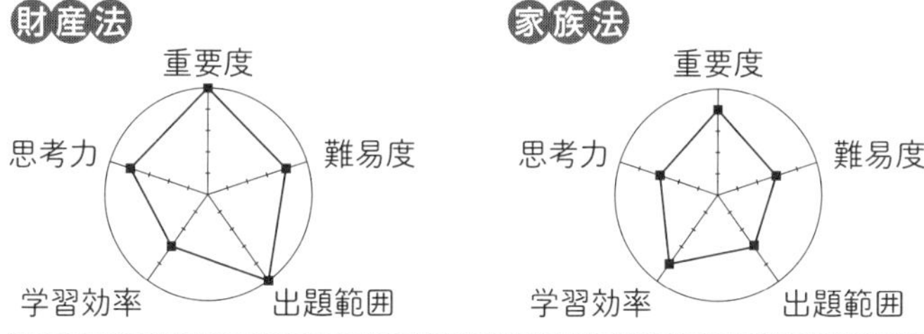

# 40 わからなくてもとにかく全体を早く回す！

「民法」の出題は**試験の25.3％**を占め，行政法とともに**重点的に学習するべき科目**です。知識をインプットしたら即座に問題演習を行って，知識を補強・補充するということを，特に強く意識しましょう！

ここで簡単に民法の全体像を見ておきましょう。

〈民法の全体像〉

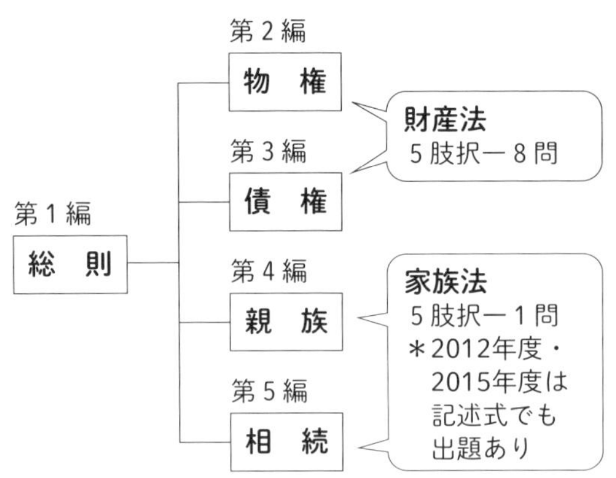


「民法」は，とにかく範囲が広い科目です。さらに，条文が「パンデクテン方式」とよばれるスタイルで構成されているのが特徴です。パンデクテン方式というのは，共通項となる部分を前にくくり出して規定する方式です。

この方式で書かれた条文は，各論の共通項が先に登場するため，たとえば民法の場合，「総則」を学習する時に，先に「物権」や「債権」を学んでいないと，よく理解ができないということが起こりえます。ですから，「民法」の学習では，「そういう性質の科目なのだ」と割り切って，**多少わからないことが出てきても，とにかく先に進むようにしましょう**。そうすれば，後々，話がつながる瞬間が来ます。

たとえば，「胎児の権利能力」という論点があります。これは比較的，テキストの序盤に書かれているような内容です。しかし，その中で登場する①不法行為に基づく損害賠償請求（721条），②相続（886条），③遺贈（965条）は，いずれも終盤で具体的に学習する内容なのです。

もし序盤で①②③が気になってしまい，すべてを知ろうとしてしまったら，結局，前に進めず，試験範囲を終えることができません。したがって，「民法」の学習では，**とりあえず全体を早く回すように意識**しましょう。

そこで，「民法」の学習を始める前に，読んでおくと効果抜群なオススメの書籍を以下に紹介します。

まずは『伊藤真の民法入門』です。これは薄い本ですから短時間で読みこなせると思います。この本で「全体像」をつかみましょう。できれば「民法」の学習を始める前に3回くらい通読して，本格的な学習に入るとよいのではないでしょうか。

他の科目でも，「全体像」をつかんでから本格的な学習に入るとスムーズです。その中でも特に「民法」はこの方法が効果的です。

また，民法は大きな改正がありました。「改正前の民法は勉強していたけど，改正に関しては全く手つかずだなー」という方は，併せて『マンガでやさしくわかる　試験に出る民法改正』もオススメです。

「民法」は，これまで述べてきたように，多少わからないことが出てきても，**とにかく先に進んで全体像をつかむこと**が大切です。そのうえで，なるべく早く2回目に入ることが大切です。

1回目は粗塗りです。塗り残しもたくさんあるでしょうが，まずは壁一面に色を付けることを大事にします。そして，2回目・3回目と回を重ねるごとに見事に仕上がっていくというイメージで「民法」は攻略します。

**『伊藤真の民法入門〔第7版〕』**

（伊藤真著，日本評論社）

**『マンガでやさしくわかる　試験に出る民法改正』**

（アガルートアカデミー著，日本能率協会マネジメントセンター）

# 41 知識を入れたら即アウトプットが効果大！

インプットした内容が，**「どのような形で問われるのか？」**を知るためにも問題演習は不可欠です。問題演習はそのためのアウトプットトレーニングだと思ってください。さらに，問題演習を通じて，インプットした知識の理解も深まるはずです。「あ，この制度の具体例はこういうことか！」ということが頻繁に起こるでしょう。また，問題演習をすることで，どれくらい正確に理解し，覚えなければならないかも明らかになります。

特に，**「民法」は問題演習が威力を発揮する科目**です。その理由の１つに，「民法はとにかく事案が複雑」ということがいえます。ＡとＢの２人だけならともかく，ＣやＤなどが登場することもしばしばです。

このような問題への対応力を上げるためにも，インプットをした直後に，必ず該当箇所の問題演習でアウトプットトレーニングを行いましょう！

また，事案が複雑な事例問題を解くときは，**「相関図」を書くこと**をオススメします。最初のうちは，時間がかかるかもしれませんが，慣れればスピードもアップするはずですし，何より関係性を把握できるようになります。

**問題を解く際に，思い切り「相関図」を書くためのツール**

【相関図】　本人　A

代理権なし

無権代理人　B —本件売買契約→ C　相手方

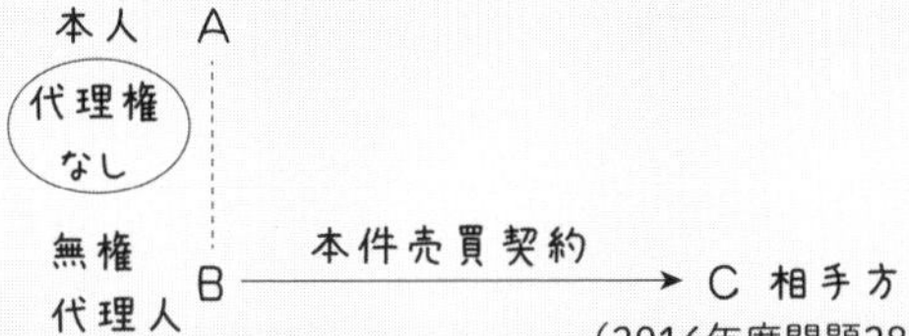

（2016年度問題28を例に）

「民法」や「行政法」の問題集を解く際は，瞬時に題意を読み取り，かつ時間短縮をするためにも，日頃の演習から，「相関図」を書く練習をしましょう。相関図を書いて問題の条件や関係性を整理します。そんな練習にオススメのツールが**無印良品の「らくがき帳」**です。本試験までに５冊くらい使い潰してください。

# 42 判例問題への対応力を上げる！

近年の行政書士試験における**「民法」の難易度を上げている理由の１つが，「判例問題の多さ」**です。

条文からの出題であれば，テキスト・条文の学習でいくらでも対応できます。たとえば，2018年度問題32は，「物の貸借」についての問題です。この問題は，使用貸借契約・賃貸借契約の条文知識があれば解けます。実際，受験生の正解率も８割弱でした。

ところが，判例知識が問われる問題になると，様子が変わります。もちろん，どんなテキストにも載っている超メジャー判例からの出題で，受験生の対策が盤石な問題であれば，受験生の正解率も８割近くになります。

たとえば，「無権代理人と相続」を問うた2016年度問題28などがそうです。

**問題　Ａが所有する甲土地につき，Ａの長男ＢがＡに無断で同人の代理人と称してＣに売却した（以下「本件売買契約」という。）。この場合に関する次の記述のうち，民法の規定および判例に照らし，妥当でないものはどれか。**

１・２　略

３　Ａが本件売買契約につき追認を拒絶した後に死亡してＢが単独相続した場合，Ｂは本件売買契約の追認を拒絶することができないため，本件売買契約は有効となる。

４・５　略

（2016年度問題28正解３）

しかし，**テキストに掲載されていない判例や手薄になりがちな判例からの出題がなされると**（５肢すべてではなく２肢程度そのような判例が混入する場合も含みます），**途端に正解率が下がります**。３割台，極端な場合は１割台にまで下がるのです。具体的には，2014年度問題30，2019年度問題34があります。

**問題　物上代位に関する次の記述のうち，民法の規定および判例に照らし，誤っているものはどれか。**

1・2　略

3　動産売買の先取特権に基づく物上代位につき，動産の買主が第三取得者に対して有する転売代金債権が譲渡され，譲受人が第三者に対する対抗要件を備えた場合であっても，当該動産の元来の売主は，第三取得者がその譲受人に転売代金を弁済していない限り，当該転売代金債権を差し押さえて物上代位権を行使することができる。

4・5　略　（2014年度問題30正解３）

**問題　不法行為に関する次の記述のうち，民法の規定および判例に照らし，妥当でないものはどれか。**

1～3　略

4　犬の飼主がその雇人に犬の散歩をさせていたところ，当該犬が幼児に噛みついて負傷させた場合には，雇人が占有補助者であるときでも，当該雇人は，現実に犬の散歩を行っていた以上，動物占有者の責任を負う。

5　略　（2019年度問題34正解４）

これに対する対策としては，「Chapter 1 の35や36でお話ししたような判例対策をしっかり行う」ということが挙げられます。

そして，それに加えて問題演習をすることで，判例の具体的な問われ方を体得するのがベストな対策といえます。

このような対策をすることにより，行政書士試験の過去問では出題されていないが，今後出題される可能性のある判例知識を効率的にさらうことができます。

# 43 他資格の過去問を使おう！

受験経験者（中上級者・上級者）向けの私の講座では，**問題演習を通じて知識を確認する**という王道の方法を，初学者向けに比べても徹底して実践しています。

実はその講座で解く問題は，公務員試験・司法試験・司法書士試験・公認会計士試験などの**他資格の過去問**なのです。

「行政書士試験の対策なのに，他資格の過去問を解くの？」と疑問に思う方もいらっしゃるかもしれません。確かに，皆さんが受験されるのは行政書士試験ですから，**まずは行政書士試験の過去問を分析して「敵」を知ることが何よりも大切**です。このことはChapter 1でお話ししたとおりです。

しかし，**「民法」に関しては，事情が異なる**のです。たとえ民法の過去問を10年分解いたとしても，5肢択一式9問×10年分で合わせても90問程度です。頻出分野を重点的に学習したとしても，とてもじゃないですが，この問題数では膨大な民法の範囲をカバーできません。

さらに，**近年の行政書士試験の「民法」は難化しており，過去問だけではお目にかかれないような内容が問われる**ことが珍しくありません。

そこで，**「民法」が試験科目にある資格試験の過去問で，足りない部分を補っていく**のです。行政書士試験の過去問では出題されていないが，今後出題の可能性がある分野については，しっかりと問題演習をしてできる限り「穴」をなくしておきましょう。

あくまで，受験するのは行政書士試験。行政書士試験の過去問を分析して頻出テーマをしっかり学習したうえで，不足分を補うとよいでしょう。

では，どのような問題集を使えばよいでしょうか。以下にご紹介します。もちろん，これらのすべてに取り組む必要はありません。自分と相性が合うものを選びましょう。

## 他資格試験の過去問対策

**『行政書士試験　択一式対策完成への問題　民法80問**
**―他資格試験の重要問題を解く―』**

（豊村慶太・林裕太 著，アガルート）

まずオススメするこのアガルートの問題集は，私が先ほどお話ししたコンセプトのとおり，今後行政書士試験で出題可能性のある他資格試験の過去問を80問セレクトしたものです。行政書士試験の過去問を仕上げた後に，あるいは行政書士試験の過去問と並行して利用されるとよいでしょう。問題数も無理なくこなせるよう80問に厳選していますから，初受験の方（初学者の方）にオススメです。

**『行政書士　トレーニング問題集 2 民法』**
**『行政書士　トレーニング問題集 4 行政法』**
**『行政書士　トレーニング問題集 1 基礎法学・憲法』**

（以上，大原出版）

次にオススメするこの資格の大原の問題集には，①2000年以降の行政書士試験の過去問，②大原オリジナル問題，③他資格試験過去問が掲載されています。

行政書士試験の過去問を2000年から収載している問題集はなかなかないですし，行政書士試験の過去問では不足する部分を「大原オリジナル問題」，「他資格過去問」でフォローしています。

問題数もなかなか多いので，中上級者・上級者にオススメの問題集です。

# 44 2回目以降のアウトプットで総合力をつける！

「インプット⇒アウトプット」の順で学習が済んだら，**「アウトプット⇒インプット」を意識すると効率がよい**です。

では，「民法」の学習ではどう実践すればよいでしょうか。

おそらく1回転目は，インプットの進行に合わせて，「総則」⇒「物権」⇒「債権」⇒「家族法」の順で問題演習をするでしょう。特に初学者は，この方法でまったく問題ありません。

ただし，2回転目以降は工夫が必要です。具体的には，1回転目と同じように前から順番に解くのではなく，**同時並行的に問題演習をする**のです。

前述したとおり，「民法」の条文構成を考慮すると，「総則」の学習時に「物権」や「債権」の知識が必要になったり，逆に，「物権」の学習時に「総則」や「債権」の知識が役立ったりすることがよくあります。

また，学習を始めると，「家族法」が後回しになりがちなので，**できるだけコンスタントに触れられるように，日々の演習に組み込みましょう**。

このように2回転目以降の問題演習を同時並行的に進めれば，総合力を身につけることができます。

〈問題演習〉

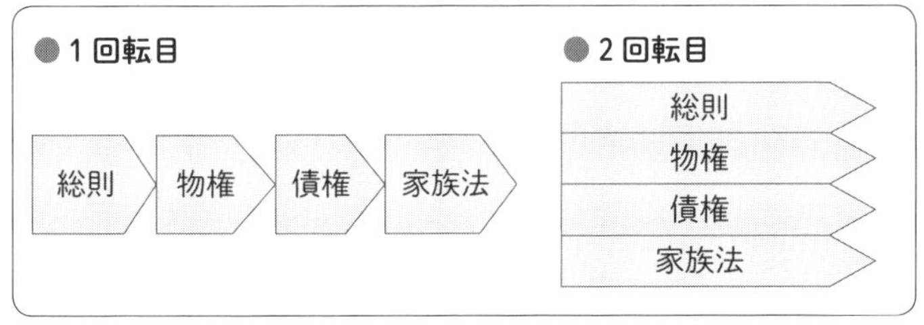

# 45 「条文と判例」を徹底攻略！

それでは，民法の出題について見てみましょう。問われる内容は，大きく分けて**「条文」**，**「判例」**，**「学説」**，**「見解」**の４つです。

そのなかでも，法律の試験である以上，当然といえばそれまでですが，民法の出題は，**条文と判例からがほとんど**です。具体的に過去問を見てみましょう。

## 条文・判例問題

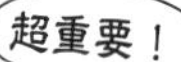


**■総則**

問題　A・B間で締結された契約（以下「本件契約」という。）に附款がある場合に関する次のア～オの記述のうち，民法の規定および判例に照らし，妥当なものの組合せはどれか。（2018年度問題28）

**■物権**

問題　動産物権変動に関する次の記述のうち，民法等の規定および判例に照らし，妥当でないものはどれか。（2019年度問題29）

**■債権総論**

問題　債権者代位権または詐害行為取消権に関する次の記述のうち，民法の規定および判例に照らし，正しいものはどれか。（2016年度問題32）

**■親族**

問題　氏に関する次のア～オの記述のうち，民法の規定および判例に照らし，妥当なものの組合せはどれか。（2019年度問題35）

**■相続**

問題　遺言に関する次のア～オの記述のうち，民法の規定に照らし，正しいものの組合せはどれか。（2017年度問題35）

これらの問題文をご覧ください。共通の決まり文句がありませんか？ **「民法の規定および判例に照らし…」**という文言です。

他にも，最高裁判所の判例のみを問うものや民法の条文知識のみを問うものもあります。日々の学習の中で，条文・判例の知識を少しずつ蓄積させるようにしましょう。

特に，**問題演習で出てきた条文はこまめにチェックし，重要判例を押さえる**という学習は怠らないようにしましょう。

## 学説問題

**問題　時効制度の存在理由については，次のような考え方の対立がある。**

Ａ説「時効とは，取得時効が成立した場合には無権利者であった者に権利を取得させ，消滅時効が成立した場合には真の権利者の権利を消滅させる制度である。」

Ｂ説「時効とは，真に権利を有する者または真に義務を負わない者が，長期間の経過によってそのことを証明できないことにより不利益を被ることのないよう救済するための制度である。」

時効の援用（民法145条）に関する次の説明のうち，最も妥当なものはどれか。

1　時効の援用は，時効の効果が道徳に反する面があるため，それによる利益を受けるかどうかを当事者の良心にゆだねたものであるとの説明は，Ａ説と矛盾する。

2～5　略

（2007年度問題28）

「学説問題」とは，ある論点に対する複数の学説を提示して，それぞれの見解の考え方や批判を問うものです。この問題のように「Ａ説」，「Ｂ説」という学説を提示して，それぞれの見解をもとに考えさせるというのが典型的です。

このような学説問題に，どう対処するかは悩ましいところですが，出題の大半を条文・判例問題が占めている以上，**学説問題は気にしなくて大丈夫**です。事実，学説問題は2007年度以降出題されていません。深入りしないほうがよいです。

特に，社会人受験生の場合は，学説問題にまで手が回らないのが実情でしょう。もし本試験で学説問題が出題された場合は，**現場での応用力で正解が導き出せる問題もあるので，時間配分を意識しながら考えてみて，わからなければすぐに飛ばすという戦略のほうが賢明**です。

**問題　A銀行はBに3,000万円を融資し，その貸金債権を担保するために，B所有の山林（樹木の生育する山の土地。本件樹木については立木法による登記等の対抗要件を具備していない）に抵当権の設定を受け，その旨の登記を備えたところ，Bは通常の利用の範囲を超えて山林の伐採を行った。この場合に，以下のア～オの記述のうち，次の【考え方】に適合するものをすべて挙げた場合に，妥当なものの組合せはどれか。なお，対抗要件や即時取得については判例の見解に立つことを前提とする。**

【考え方】：分離物が第三者に売却されても，抵当不動産と場所的一体性を保っている限り，抵当権の公示の衣に包まれているので，抵当権を第三者に対抗できるが，搬出されてしまうと，抵当権の効力自体は分離物に及ぶが，第三者に対する対抗力は喪失する。

| ア～オ　略 |
|---|

1～5　略　　(2010年度問題30)

「見解問題」は，ある事案に対する見解（考え方）を提示して，その見解によるならば妥当なもの（妥当ではないもの）はどれかを選ばせる問題です。

まず，見解の意図するところを理解してから解く必要があります。そのため，それまでの学習で理解できる見解ならともかく，初見の場合は時間もかかります。

もし，本試験で「見解問題」が出題された場合も，慌てることなく，**見解の意図することが理解できるか**を吟味しましょう。そして，理解できそうだったら，その見解から導かれるはずの**大まかな流れを検討**します。そのうえで，**選択肢のチェックに入る**という姿勢でよいのではないでしょうか。

2020年度の「民法」の出題も，9問すべてが「民法の規定および判例に照らし」，「民法の規定に照らし」というスタイルの出題でした。これまでの傾向からも，あくまで条文・判例知識の精度を上げる学習を続けるほうが戦略としては有効です。

# 46 頻出テーマを徹底マスター！

前述したように，特に「民法」は，**行政書士試験の過去問だけでは知識の網羅性は足りません**。別途，判例集・問題集で補強する必要があります。とはいえ，**まずは行政書士試験で頻繁に問われているテーマをがっちりと固めるべき**です。これから学習を始めるにあたっては，以下の頻出テーマを徹底的にマスターし，その後に問題集などで足りない部分を補強するようにしましょう。

## 〈民法総則〉

（実績は，出題年度と問題番号）

| | |
|---|---|
| 意思表示 | ☞特に「意思の不存在（心裡留保・通謀虚偽表示・錯誤)」,「瑕疵ある意思表示」についての条文・判例の知識が問われます。これらは民法改正が影響する部分ですから，しっかりと学習しましょう。<br>実績 2010㉗・2011㉗・2013㉗・2014㉘・2015㉘・2017㉘ |
| 代理 | ☞「有権代理」「無権代理」についての条文・判例知識が問われます。問われる知識自体は平易なものが多いです。また，民法改正に伴い107条・108条も要注意です。<br>実績 2012㉘・2016㉘・2019㉘ |
| 時効 | ☞「時効」も頻出です。しかも，民法改正が大きく影響する部分です。まずはテキスト・条文で基礎知識を固めてから問題演習に入りましょう。<br>実績 2007㉘（学説問題なので深入り禁物）・2010㉘・2011㉘・2016㉗・2017㉚・2019㉗) |

これも注意！

**制限行為能力者制度**…「未成年者」,「成年被後見人」,「被保佐人」,「被補助人」の違いについては，しっかりと確認しましょう。「被保佐人」については，民法13条１項各号を必ず読んでおきましょう。

実績 2012㉗・2015㉗

## 〈物権〉

（実績は，出題年度と問題番号）

| | |
|---|---|
| ・不動産の物権変動<br>・動産の物権変動 | ☞民法177条に関する問題は頻出です。民法177条の「第三者」に該当する者（しない者）を確実なものにしましょう。<br>　他には，「取消しと登記」，「解除と登記」，「取得時効と登記」，「相続と登記」に関してもきちんと解けるようにしておきましょう。<br>　問題文を読む際は，「第三者」が取消しや解除の「前」に登場したのか，「後」に登場したのかを間違えないように注意してください。<br>☞「動産の物権変動」においては，「即時取得（民法192条）」が頻出ですので重点的に押さえておきましょう。条文的には，192条のみならず，193条・194条にも必ず目を通してください。<br>実績 2013㉘・2018㉙・2019㉙・2020㉘ |
| 所有権 | ☞「所有権」も頻出です。特に，「共有」からの出題が多いです（2019年度は記述式でも出題されました）。テキスト・問題集のみならず条文（249条～264条）の確認も怠らずにしましょう。<br>実績 2010㉙・2014㉙・2015㉙・2016㉙ |
| 抵当権 | ☞担保物権の中でも「抵当権」の出題頻度は群を抜きます。重要判例も含めて時間をかけて取り組みましょう。テキストを理解したら，問題演習をすることで理解を深めることが有用です。<br>　また，「抵当権」は重要かつ出題可能性が高い判例が多いので，判例学習も並行しましょう。<br>実績 2010㉚（見解問題なので深入り禁物）・2011㉚・2014㉚・2016㉛・2018㉚・2020㉙ |

これも注意！

「抵当権」以外の担保物権である**「留置権」**，**「質権」**，**「先取特権」**からの出題も多く見られます。

実績 2015㉚・2016㉚・2019㉛

## 〈債権総論〉

（実績は，出題年度と問題番号）

| | |
|---|---|
| **債権の効力** | ☞「債務不履行」に関しては，民法改正の影響が大きい部分ですから，まずはテキストの内容を理解しましょう。「債務不履行に基づく損害賠償」の415条１項ただし書・「代償請求権」の422条の２などは特に要注意です。<br>☞「債権者代位権」，「詐害行為取消権」も頻出です。しかも，民法改正の影響が非常に大きい分野です。423条の５・424条の２～424条の９・425条・425条の２～425条の４あたりは条文もしっかりと押さえましょう。<br>実績 2013㉚・2016㉜・2016㉝ |
| **多数当事者間の債権・債務関係** | ☞まずは「連帯債務」が最優先です。特に，連帯債務者の１人に生じた事由が絶対的効力を生じるケースは民法改正で影響を受けていますから，丁寧に理解してください。さらには，民法改正によって新設された「連帯債権」にも注意が必要です。「保証債務」も条文を中心に押さえておきましょう。<br>実績 2010㉛・2011㉛・2014㉛・2017㉜ |

これも注意！

**「債権譲渡」**も民法改正で大きな変更があった分野です。特に，債権譲渡禁止特約のついた債権を譲渡した場合の効果（466条２項）や預貯金債権にかかる譲渡制限の意思表示の効力を規定した466条の５は要チェックです。

実績 2014㉜

## 〈債権各論〉

（実績は，出題年度と問題番号）

| | |
|---|---|
| **売買契約（特に契約不適合責任の要件・効果）** | ☞「売買契約」は，民法改正で特に「売主の担保責任」の部分が大きくその枠組みを変えました（目的物の契約不適合・移転した権利の契約不適合）。今後の出題が強く予想されますので，「学習四天王」をフル稼働させて理解を深めてください。<br>実績 2012㉛ |
| **賃貸借契約** | ☞「賃貸借契約」は頻出中の頻出です。テキストの確認を終えたら問題集で知識の確認をしましょう。また，民法改正によって，これまでの判例の考え方が条文に明文化された部分が多いのも特徴です。<br>　また，テキストや問題集で出て来た範囲でかまいませんから，「借地借家法」の条文も読んでおきたいところです。「不動産賃借権の対抗要件」の備え方については早めに理解しておきましょう。<br>実績 2012㉝・2013㉜・2018㉜・2019㉜・2020㉝ |
| **不法行為** | ☞「不法行為」に関しては，「一般的不法行為」をまずは理解しましょう。そのうえで，「特殊的不法行為（民法714条～719条）」の学習に進みましょう。<br>　各種の「特殊的不法行為」が成立するための要件を理解するための前提として，「一般的不法行為」が成立するための要件を記憶しておくことが必要です。<br>　また，「不法行為」は判例からの出題が多いという特徴がありますから，判例学習は入念に行いましょう。<br>実績 2006㉞・2007㉞・2009㉞・2012㉞・2014㉞・2015㉞ |

これも注意！

過去には，**「請負契約」，「委任契約」**からの出題実績もあります。また，民法改正によって要物契約から諾成契約に変わった**「使用貸借契約」，「消費貸借契約（※書面等による場合）」，「寄託契約」**についても，新たな規定が加わっていますから，条文学習を怠らないようにしてください。

実績 2011㉞

## 〈家族法（親族法）〉

「家族法」は出題数が少ないので，重点的に学習するべきポイントを示します。

| | |
|---|---|
| **婚姻** | ・婚姻が成立するための要件<br>▶特に「婚姻障害」はしっかりと記憶しておく。<br>▶婚姻の無効・取消し<br>・婚姻が取り消された場合の効果を入念に理解する。 |
| **婚姻の解消** | ・「裁判離婚」における離婚原因<br>▶民法770条１項各号 |
| **親子（実親子関係）** | ・「嫡出推定」<br>▶民法772条の内容を理解したうえで，「推定される嫡出子」，「推定されない嫡出子」，「推定の及ばない子」，「嫡出推定が重複する場合」の内容を理解する。<br>▶上記それぞれの場合に，いかなる訴え（例：嫡出否認の訴え）を提起するべきなのかを押さえる。<br>▶「任意認知」と「強制認知」の差異をつかむ。「認知の訴え」にも目を通しておく。<br>▶「認知」はあくまで法的な親子関係を創設する制度であって，認知されたからといって非嫡出子が嫡出子になるわけではない。非嫡出子が嫡出子の身分を取得するためには「準正」が必要である点に注意！ |
| **親子（養親子関係）** | ・「普通養子縁組」と「特別養子縁組」の差異<br>▶特に「特別養子縁組」は，実方の血族との親族関係を終了させるものである点は重要！<br>▶「特別養子縁組」については，対象年齢が改正前の原則６歳未満から，改正によって原則15歳未満に引き上げられたことなど変更点が多いので出題可能性は高い。 |

## 〈家族法（相続法）〉

| | |
|---|---|
| **相続人** | ・代襲相続<br>・相続欠格／推定相続人の廃除 |
| **相続の効力** | ・債権債務や金銭の共同相続<br>▶たとえば「可分債権」であれば，共同相続人はどのように権利を承継するのかについて具体的にイメージできるようにしておく。<br>・相続分<br>▶「特別受益者」，「寄与分」については，相続分の算定方法を理解しておく。「持戻し免除の意思表示の推定」についての改正点（903条４項）も注意！<br>・遺産分割<br>▶新設された906条の２・最大決平28.12.19を受けて新設された909条の２は要注意！ |
| **相続の承認・放棄** | ・「単純承認」，「限定承認」，「相続放棄」<br>▶それぞれの内容を理解する。<br>・「法定単純承認」（民法921条） |
| **遺言** | ・普通遺言方式<br>▶特に，968条・969条・970条・971条・973条・974条・975条・1004条は条文を必ず読んでおく。<br>・遺贈<br>▶「遺贈」と「死因贈与」の異動はしっかりと学習するべき。 |
| **遺留分** | ・遺留分権利者<br>▶「兄弟姉妹」には遺留分が認められない（民法1028条１項）点に注意！<br>・「総体的遺留分」，「個別的遺留分」<br>・遺留分侵害額請求権<br>▶改正により，遺留分減殺請求制度（旧法1031条）が遺留分侵害額請求制度（1046条）に改められ，遺留分・遺留分侵害額の算定方法が見直された。<br>・遺留分の放棄<br>▶相続開始前の遺留分の放棄の可否について，相続開始前の相続放棄の可否と比較しておく。 |

# 47 民法の5肢択一式は3タイプ

民法の5肢択一式は**「正誤問題」**，**「組合せ問題」**，**「個数問題」**という3つの問われ方をします。条文と判例の知識をマスターすることに変わりはないので，どのような問われ方をしても答えられるように意識して学習をしましょう。

## 正誤問題　頻出

「正しいもの」あるいは「誤っているもの」を選ぶ問題です。「妥当なものはどれか」という問い方もあります。この形式は，**すべての肢について，必ずしも答えを出す必要はありません**。自信を持って判断できる選択肢があれば，その他の選択肢が多少曖昧でも，正解にたどり着くことができます。

**問題　Aが所有する甲土地につき，Aの長男BがAに無断で同人の代理人と称してCに売却した（以下「本件売買契約」という。）。この場合に関する次の記述のうち，民法の規定および判例に照らし，妥当でないものはどれか。**

1・2　略

3　Aが本件売買契約につき追認を拒絶した後に死亡してBが単独相続した場合，Bは本件売買契約の追認を拒絶することができないため，本件売買契約は有効となる。

4・5　略

（2016年度問題28正解3）

この問題は，典型論点である**「無権代理と相続」**からの出題です。解き方としては，オーソドックスに肢1から検討すればよいでしょう。ここでは省略していますが，肢1はどんなテキストにも掲載されている「無権代理人が本人を単独相続した判例（地位融合説）」（最判昭40.6.18）の知識です。肢2も「無権代理人を相続した者がさらに本人を相続した判例」（最判昭63.3.1）であり，どのテキストにも掲載されています。肢3～肢5も，最判平10.7.17・最判昭48.7.3・最判平5.1.21という超メジャー判例からの出題です。**淡々と正解肢**

**を選べばOK** です。受験生の正解率も８割に迫ります。

少し厳しい言い方をすると，このような問題を落としてしまうと，合格はおぼつきません。間違えたとしたら，完全な勉強不足ということになります。

## 組合せ問題 頻出

選択肢の組合せから答えを出すタイプの問題です。

**問題　A，BおよびCが甲土地を共有し，甲土地上には乙建物が存在している。この場合に関する次のア～オの記述のうち，民法の規定および判例に照らし，正しいものの組合せはどれか。**

ア　略
イ　Eが，A，BおよびCが共有する乙建物をAの承諾のもとに賃借して居住し，甲土地を占有使用する場合，BおよびCは，Eに対し当然には乙建物の明渡しを請求することはできない。
ウ・エ　略
オ　A，BおよびCが乙建物を共有する場合において，Aが死亡して相続人が存在しないときは，Aの甲土地および乙建物の持分は，BおよびCに帰属する。

1　ア・イ
2　ア・ウ
3　イ・オ
4　ウ・エ
5　エ・オ

（2016年度問題29正解３）

この問題は，行政書士試験では頻出の**「共有」**からの出題で，2019年度には記述式でも出題されています。

このような組合せ問題は，肢アから検討してもよいですし，確実にわかる肢を探してもOKです。

たとえば本問なら，肢イは有名な判例ですよね。第三者の占有使用を承認しかった共有者は第三者に対して当然には共有物の明渡しを請求することはできないというものです（最判昭63.5.20）。そうすると，肢イは正しいことがわかります。

それでは次に他の肢の検討を……ではありません！　肢イが入っている選択肢が正解だとわかるのですから，この時点で候補は１か３に絞られているのです。つまり，あとは肢ア・肢オのみを検討するのです。

肢ア・肢オについても，どちらも正確に正誤判定できるに越したことはないですが，肢ア・肢オのどちらかを確信を持って○（もしくは×）と選べるのであれば，本問は正解にたどり着けます。

最後に検算的に他の肢を検討してもいいですが，**「組合せ問題は必ずしもすべての肢を検討する必要はない」という点は強く意識**しておきましょう。

**ただし，日常の学習の中では，「組合せ問題」であっても，必ず全肢の検討を行ってください**。なぜなら，日常の学習で大切なのは，すべての肢の知識の理解を高めることにあるからです。

「○○はいくつあるか」と，その個数を答えさせる問題です。すべての肢について正誤を出さなければならず，他の形式に比べて難易度が高いです。出題実績もそれほど多くなく，解答にも時間がかかるため思いきって飛ばしてしまってもよいでしょう。

**問題　受領権者としての外観を有する者に対する弁済等に関する次の記述のうち，民法の規定および判例に照らし，妥当なものはいくつあるか。**

ア～オ　略

1　一つ
2　二つ
3　三つ
4　四つ
5　五つ　　（2014年度問題33正解５）

# 48 「強すぎる表現」にはご注意を！

**「没問」**という言葉を聞いたことがありますか？　たとえば「正しいものを１つ選べ」という問題であったにもかかわらず，正しい肢が２つあるような問題です。いわゆる**出題ミス**です。

模試の作成に関わっていた際に，とにかく注意したのが没問を出さないことでした。もちろん，試験委員も細心の注意を払って本試験を作成しています。

具体的に見てみましょう。2019年度問題28です。

**問題　代理に関する次の記述のうち，民法の規定および判例に照らし，妥当でないものはどれか。**

1・2　略

3　代理人が本人になりすまして，直接本人の名において権限外の行為を行った場合に，相手方においてその代理人が本人自身であると信じ，かつ，そのように信じたことにつき正当な理由がある場合でも，権限外の行為の表見代理の規定が類推される余地はない。

4　代理人が本人の許諾を得て復代理人を選任した場合において，復代理人が代理行為の履行として相手方から目的物を受領したときは，同人はこれを代理人に対してではなく，本人に対して引き渡す義務を負う。

5　略　　(2019年度問題28)

この問題の肢３に着目してください。語尾が「類推される余地はない。」と**極めて強い表現**になっています。余地はないということは，絶対にないということですよね。

この肢３は，同様の事案で「相手方が……本人自身の行為であると信じたことについて正当な理由がある場合に限り，民法110条の規定を類推適用して，本人がその責めに任ずるものと解するのが相当である。」と述べた有名な判例（最判昭44.12.19）がありますから誤りです。

ではなぜ試験委員（出題者）は，「余地はない」という表現を使ったのか。それはまさに**「没問」（出題ミス）を防ぐため**です。

強い表現にせずに，フワッとした表現にして，解釈の余地を残してしまうと，「こうとも考えられるのではないか？」，「この判例との整合性はどうなのか？」といった問題が生じてしまうのです。

ですから，**試験委員は極めて強い表現を使って一切の疑義を封じている**のです。「強すぎる表現」を入れて，絶対に誤りの肢を作成することで，「没問」（出題ミス）を防いでいるわけです。

これは，さまざまな資格試験で見られる作問のテクニックです。もちろん，行政書士試験も例外ではありません。実際，最高裁判所の判例も例外のない結論を出すよりも，「特段の事情が認められない限り」，「特段の事情のある場合を除き」などの表現を用いて，「例外」があることを示唆したものが多いです。

そういった点を考えても，やはり「絶対に」，「例外なく」，「余地はない」，「常に」のような「強すぎる表現」には要注意です。本試験でも，最後の２肢までは絞れたが最後の１つを選べないというような事態に陥ったときに，参考にしてみてください。

実は，この2019年度問題28には，とんでもないオチがあります。

試験委員としては，肢３で「強すぎる表現」を使うことで，肢３を誤りとしておく手筈でした。

ところが，**肢４も判例に照らして妥当でないことが試験後に判明し，結局この問題は「没問」（出題ミス）になってしまった**のです。

なんだか締まらないオチがつきましたが，**とにかく「強すぎる表現」には要注意**です。

# 合格者の勉強法

――このコーナーでは合格者の勉強法を講師の目線でご紹介します。

## Eさん（2019年度合格）

**業務拡大・トラブルの事前抑制を目的として受験を決意。4回目のチャレンジで見事合格！**

Ｅさんは自動車保険関係のお仕事をされており，業務拡大や仕事上の法律トラブルを未然に防止するという目的で受験を決意されました。

当初は行政書士試験を甘く見ていたそうで，学習を本格化されてからも，なかなか思うような結果が出ませんでした。「何がいけなかったのだろう？」と必死に分析をされ，その結果，「インプット学習に偏りすぎていて，アウトプット学習がおろそかになっていた」ということに気づいたそうです。

自分の過去の敗因分析をするのは非常に苦痛で，誰しもそんなことはやりたくありません。しかし，Ｅさんはしっかりと自分と向き合って，何が足りないのかを導き出されました。

Ｅさんといえば，もう１つ話しておかなければなりません。それは「圧倒的なやる気」です。毎回，豊村ゼミが始まる１時間以上前に教室へ来て，問題演習に取り組んでいました。これだけ聞くと誰もいない教室で勉強する受験生の姿を想像するかもしれません。

しかし実は，Ｅさんが参加する中上級ゼミの前には，別の入門ゼミをやっていて，Ｅさんはその入門ゼミの授業中に教室へ入って来て，勉強をしていたのです。正直言うと，私も最初は戸惑いました。が，だんだん「すごくやる気がある人だな！」と思うようになりました。

合格祝賀会で私の似顔絵をプレゼントしてくれたＥさん。合格を勝ち取った本当に嬉しそうな顔は忘れられません。

### Ｅさんが合格した理由

- 自分の弱点ととことん向き合ったこと
- アウトプット重視の学習をしたこと
- 他を圧倒するやる気

# Chapter 5

# 「行政法」の攻略法

**問題の形式**：5肢択一19問, 多肢選択2問, 記述1問
**目標正答数**：最低**15問**

# 49 5肢択一式で最低15問が目標！

行政法は，配点の約4割（37.3%）を占める最重要科目です。**「5肢択一式」**，**「多肢選択式」**，**「記述式」**というすべての形式で出題される唯一の科目でもあります。この科目を得意にしなければ合格は見えません。**「5肢択一式19問中，最低15問を正解する！」**ことを目標に，日々の学習を行いましょう。

暗記要素の強い科目ですから，覚えるべきことをコツコツと覚え，「学習四天王」に真摯に向き合えば必ず得点が上がってきます。

そもそも『六法』を見ても，「行政法」という名前の法律は存在しません。たとえば，建築基準法・都市計画法・住民基本台帳法などのありとあらゆる行政に関する個別法（とにかくたくさんあります！）をまとめて「行政法」とよんでいます。近年の出題傾向は下表のとおりです。この表からも明らかなように，近年は「行政法総論3問」，「行政手続法3問」，「行政不服審査法3問」，「行政事件訴訟法3問」，「国家賠償法・損失補償2問」，「地方自治法3問」，「総合問題2問」というのが定着しています。

**〈最新5ヵ年の「行政法・択一式」の出題傾向〉**

| | 2020 | 2019 | 2018 | 2017 | 2016 |
|---|---|---|---|---|---|
| 行政法総論 | 3 | 3 | 3 | 3 | 2 |
| 行政手続法 | 3 | 3 | 3 | 3 | 3 |
| 行政不服審査法 | 3 | 3 | 3 | 3 | 3 |
| 行政事件訴訟法 | 3 | 3 | 3 | 3 | 4 |
| 国家賠償法・損失補償 | 2 | 2 | 2 | 2 | 2 |
| 地方自治法 | 3 | 3 | 3 | 3 | 3 |
| その他・総合問題 | 2 | 2 | 2 | 2 | 2 |
| 計 | 19 | 19 | 19 | 19 | 19 |

それぞれの具体的な攻略法は次のメソッドでとりあげますが，**行政法総論，行政事件訴訟法**（処分性・原告適格・狭義の訴えの利益），**国家賠償法に関しては，「判例」をしっかりと押さえることが重要**です。

# 50 これから出題が増えるかもしれない!?

今後，**具体的事例において個別法を前提として，個々の選択肢について問うという出題が増える可能性があります。**

具体例として，過去問をあげておきます。一見難しそうに感じるかもしれませんが，このタイプは，個別法の知識を問うているのではなく，個別法を前提として，行政手続法などの知識を問うものです。

**公務員試験や司法試験では頻出のタイプ**なので，注意が必要です。

**問題　砂利採取法26条１号から４号までによる「認可の取消し」に関する次の記述のうち，正しいものはどれか。**

１・２　略

３　２号による「認可の取消し」および３号による「認可の取消し」は，いずれも行政法学上の撤回である。

４・５　略

（参照条文）

砂利採取法

（採取計画の認可）

第16条　砂利採取業者は，砂利の採取を行おうとするときは，当該採取に係る砂利採取場ごとに採取計画を定め，（当該砂利採取場の所在地を管轄する都道府県知事等）の認可を受けなければならない。

（遵守義務）

第21条　第16条の認可を受けた砂利採取業者は，当該認可に係る採取計画……に従つて砂利の採取を行なわなければならない。

（緊急措置命令等）

第23条第１項　都道府県知事又は河川管理者は，砂利の採取に伴う災害の防止のため緊急の必要があると認めるときは，採取計画についてその認可を受けた砂利採取業者に対し，砂利の採取に伴う災害の防止のための必要な措置をとるべきこと又は砂利の採取を停止すべきことを命ずることができる。（第２項以下略）

（認可の取消し等）

第26条　都道府県知事又は河川管理者は，第16条の認可を受けた砂利採取業者が次の各号の一に該当するときは，その認可を取り消し，又は６月以内の期間を定めてその認可に係る砂利採取場における砂利の採取の停止を命ずることができる。

1　第21条の規定に違反したとき。

2　……第23条第１項の規定による命令に違反したとき。

3　第31条第１項の条件に違反したとき。

4　不正の手段により第16条の認可を受けたとき。

（認可の条件）

第31条第１項　第16条の認可……には，条件を附することができる。（第２項以下略）

（2017年度問題８正解３）

この問題は，「砂利採取法」という個別法を問うています。しかし，言うまでもなく，「砂利採取法」の細かい知識を問うているものではありません。

この問題で問われているのは，「行政法学上の取消し」，「行政法学上の撤回」という誰もが学習している分野なのです。しかも問われている知識は，いずれも超基本事項です。

ここで個別法が問われている場合の処理マニュアルを確認しましょう。

①　**個別法が出ても慌てない**。

→いきなり精神論ですが，とにかくパニックにならないことです。

②　**これまで学習してきたどの分野のことが問われているのかを把握する**。

→安心してください。個別法の細かい知識が問われることはありません。問われるのは，これまでに学習してきた内容です。

③　**淡々と知識問題として処理する**。

→問われることは「学習四天王」でやってきた内容ですから，あとは単純な知識問題として処理すれば正解にたどり着けます。

# 51 行政法は「過去問」が命！

過去問の使い方についてはChapter 1で述べましたが，**行政法だけは必ず最低10年分の過去問を学習しましょう**。

過去問分析の際は，一手間をかけて，出題された年度・問題・肢を『六法』に書き込んでおくと，特に直前期に必ず役立ちます。常に持ち歩いて，何度も読み返しましょう。

**「民法」**は，行政書士試験の過去問にとどまらず，他資格試験の過去問まで学習することで知識の漏れを防ぎましょうと話しました。

他方**「行政法」**は，**一にも二にも行政書士試験の過去問学習が大切**です。「行政法」は択一式で毎年19問が出題されており，過去10年分だけでも190問の問題の集積があるのです。問題量としても十分といえます。しかも，「行政法」の出題は，過去問類似のものが手を変え品を変え出題されます。

もちろん，中上級者や上級者のようなすでに行政書士試験の行政法過去問対策が盤石な方が，さらなる実力向上のために他資格試験の行政法過去問を解くことは効果的です。しかし，そのレベルに達していないのなら，**行政書士試験の過去問の完全マスターに専心**するべきです。

つまり，**同じ重要科目である「行政法」と「民法」では，他資格試験過去問への向き合い方が大きく異なる**ということです。

では，「行政法」の攻略法を見ていきましょう。「行政法」という法律はありませんが，個々の**「条文」**をメインに学習するのか，**「判例」**をメインにするのかを確認してください。

# 52 「行政法総論」の過去問分析

行政法総論では，学者が研究した「行政行為」などや行政法を貫く一般原則を学びます。

## ■公法と私法が交錯する領域に関する最高裁判所の判例 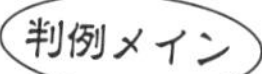



行政上の法関係に対する民事法の適用があるかを問う問題です。行政書士試験では頻出です。このタイプの問題は，テキストや判例集で判例を押さえることが重要です。「事案」と「結論」を知っていれば解ける問題が多いです。

**問題　行政上の法律関係に関する次の記述のうち，最高裁判所の判例に照らし，妥当なものはどれか。**

1〜3　略

4　建築基準法において，防火地域または準防火地域内にある建築物で外壁が耐火構造のものについては，その外壁を隣地境界線に接して設けることができるとされているところ，この規定が適用される場合，建物を築造するには，境界線から一定以上の距離を保たなければならないとする民法の規定は適用されない。

5　略　（2018年度問題９正解４）

実績 2006⑧・2010⑩・2015⑨

## ■行政組織 （条文メイン）

出題のメインは，条文です。出題の中心である「国家行政組織法」は，全27条（26条・27条は学習不要なので実質全部で25条）と条文数も多くはないので，条文に目を通したうえで，過去問・問題集・模試で知識を定着させましょう。

**問題　内閣法および国家行政組織法の規定に関する次の記述のうち，正しいものはどれか。**

1・2　略

3　各省大臣は，主任の行政事務について，法律または政令の制定，改正または廃止を必要と認めるときは，案をそなえて，内閣総理大臣に提出して，閣議を求めなければならない。

4・5　略　（2019年度問題９正解３）

## ■国家公務員法

「国家公務員法」,「内閣法」,「内閣府設置法」といった法律は，過去問・問題集・模試で出てきた条文を中心にチェックしましょう。

**問題　国家公務員に関する次の記述のうち，正しいものはどれか。**

1　国家公務員法は，公務員の職を一般職と特別職とに分けているが，同法は，法律に別段の定めがない限り，特別職の職員には適用されない。

2～5　略　（2013年度問題26正解１）

実績 2009㉕・2010㉕・2011㉕・2015㉖

## ■行政立法　頻出

まずは各自のテキストで「法規命令」と「行政規則」の違いを押さえましょう。そのうえで,「法規命令」の中の「委任命令」と「執行命令」の違いを押さえます。最後に,「委任命令」に関する重要判例を確認しておけば，対策としては十分です。

**問題　行政立法に関する次のア～オの記述のうち，最高裁判所の判例に照らし，誤っているものはいくつあるか。法令および省庁名は当時のものである。**

ア　文部省令が，登録の対象となる文化財的価値のある刀剣類の鑑定基準として，美術品として文化財的価値を有する日本刀に限る旨を定めたことは，銃砲刀剣類所持等取締法の趣旨に沿う合理性を有する鑑定基準を定めたものというべきであるから，これをもって法の委任の趣旨を逸脱する無効のものということはできない。

イ　教科書検定につき，文部大臣が，学校教育法88条* の規定に基づいて，文部省令，文部省告示により，審査の内容及び基準並びに検定の施行細則である検定の手続を定めたことは，法律の委任を欠くとまではいえない。

ウ　児童扶養手当法施行令が，父から認知された婚姻外懐胎児童を児童扶養手当の支給対象となる児童の範囲から除外したことは，社会観念上著しく妥当性を欠き，裁量権を濫用したものとは認められないので，児童扶養手当法の委任の範囲を逸脱した違法な規定と解することはできない。

エ　地方自治法施行令が，公職の候補者の資格に関する公職選挙法の定めを議員の解職請求代表者の資格について準用し，公務員について解職請求代表者となることを禁止していることは，地方自治法の委任に基づく政令の定めとして許される範囲を超えたものとはいえない。

オ　国家公務員法が人事院規則に委任しているのは，公務員の職務の遂行の政治的中立性を損なうおそれが実質的に認められる政治的行為の行為類型を規制の対象として具体的に定めることであるから，国家公務員法が懲戒処分の対象と刑罰の対象とで殊更に区別することなく規制の対象となる政治的行為の定めを人事院規則に委任しているからといって，憲法上禁止される白紙委任に当たらない。

1　一つ　　2　二つ　　3　三つ　　4　四つ　　5　五つ

（注）＊　学校教育法88条

この法律に規定するもののほか，この法律施行のため必要な事項で，地方公共団体の機関が処理しなければならないものについては政令で，その他のものについては監督庁が，これを定める。

（2014年度問題９正解２）

実績 2005⑧・2008⑨・2010⑨・2011⑨・2015⑩

## ■行政行為　「行政裁量」は頻出！

「行政裁量」に関する最高裁判所の判例は，意識して重点補強する必要があるといえます。判例学習が得点にダイレクトに結びつく分野です。

「行政裁量」は，「多肢選択式」での出題も考えられますので，長めの判旨が掲載されているテキスト・判例集を使うのがオススメです。

**問題　行政裁量に関する最高裁判所の判例について，次の記述のうち，誤っているものはどれか。なお，制度は，判決当時のものである。**

1　外国人が在留期間中に日本で行った政治活動のなかに，わが国の出入国管理政策に対する非難行動あるいはわが国の基本的な外交政策を非難し日米間の友好関係に影響を及ぼすおそれがないとはいえないものが含まれていたとしても，それらは憲法の保障が及ぶ政治活動であり，このような活動の内容を慎重に吟味することなく，在留期間の更新を適当と認めるに足りる相当の理由があるものとはいえないと判断した法務大臣の判断は，考慮すべき事項を考慮しておらず，その結果，社会観念上著しく妥当を欠く処分をしたものであり，裁量権の範囲を越える違法なものとなる。

2～5　略

（2016年度問題９正解１）

実績 2011⑩・2012㉖・2013⑧・2016⑨・2017㉕

## ■行政上の強制手段 

「行政代執行法」という条文があります。わずか6条しかない条文ですから，しっかりと読み込んでおきましょう。「行政代執行法」以外の「行政上の強制手段」は，テキストを中心に学習すれば十分です。

超頻出ですが，問題の難易度はそれほど高くありません。

**問題　行政上の義務の履行確保手段に関する次の記述のうち，法令および判例に照らし，正しいものはどれか。**

1～3　略

4　行政上の秩序罰とは，行政上の秩序に障害を与える危険がある義務違反に対して科される罰であるが，刑法上の罰ではないので，国の法律違反に対する秩序罰については，非訟事件手続法の定めるところにより，所定の裁判所によって科される。

5　略　（2019年度問題8正解4）

実績 2007⑨・2009⑩・2010⑧・2011⑧・2015⑧・2017⑩・2018⑧・2019⑧

# 53 「行政手続法」・「行政不服審査法」の過去問分析！

なぜこの２法をまとめて紹介するかというと，行政手続法と行政不服審査法は両方とも，**大半が「条文」からの出題であるという点が共通**しているからです。そのため，条文学習を丁寧に行うことで高得点が狙えますし，高得点を狙わないといけない分野です。

## ■行政手続法　条文メイン

「行政手続法」は大きく「処分（申請に対する処分・不利益処分）」，「行政指導」「届出」，「意見公募手続」に分かれますが，46条の条文のうち５条から31条が「処分」の条文ですから，まずは「処分」を得意にすることが大切です。本書に掲載している以下の過去問も「処分」からの出題です。

また，「行政手続法」の条文を読む際は，体系を意識してください。本試験では，「申請に対する処分」にしか存在しない制度を，あたかも「不利益処分」にも存在するかのようにして（逆パターンもあり）出題してきます。

そのような問題に引っかからないようにするために，条文の体系（この制度はどこに位置づけられているのか）を常に意識しましょう。漫然と条文を読んではいけません。

**問題　行政手続法の規定する聴聞と弁明の機会の付与に関する次の記述のうち，正しいものはどれか。**

1　聴聞，弁明の機会の付与のいずれの場合についても，当事者は代理人を選任することができる。

２～５　略　　（2020年度問題12正解１）

## ■行政不服審査法　条文メイン

行政不服審査法は，2014年に大きな改正がありました。改正以降の出題は，やはり改正点がらみが多いです。

学習の中心は，「審査請求」ということになりますが，「審査請求」の規定が「再調査の請求」，「再審査請求」に準用されるのかについても出題されます。面倒でも，準用について規定する行政不服審査法61条・66条の確認は怠らないようにしましょう。

**問題　行政不服審査法に関する次のア〜オの記述のうち，正しいものの組合せはどれか。**

ア　審査請求の目的である処分に係る権利を譲り受けた者は，審査請求人の地位を承継することができるが，その場合は，審査庁の許可を得ることが必要である。

イ・ウ　略

エ　一定の利害関係人は，審理員の許可を得て，参加人として当該審査請求に参加することができるが，参加人は，審査請求人と同様に，口頭で審査請求に係る事件に関する意見を述べる機会を与えられ，証拠書類または証拠物を提出することができる。

オ　略

1　ア・エ
2〜5　略

（2020年度問題14正解１）

# 54 「行政事件訴訟法」の過去問分析

行政事件訴訟法は行政手続法や行政不服審査法と同じく，「条文の読み込み」が非常に効果的です。

ただ，**「取消訴訟の訴訟要件」については，「判例」からの出題**が目立ちます。具体的には，**「処分性」，「原告適格」，「狭義の訴えの利益」**の判例です。

## ■条文からの出題

**問題　許認可等の申請に対する処分について，それに対する取消訴訟の判決の効力に関する次の記述のうち，誤っているものはどれか。**

1・2　略

3　申請を拒否する処分が判決により取り消された場合，その処分をした行政庁は，当然に申請を認める処分をしなければならない。

4・5　略　　（2018年度問題17正解３）

## ■判例からの出題も要注意！

先述したように，**「処分性」，「原告適格」，「狭義の訴えの利益」**の判例からの出題も要注意です。これらの判例を学習する際は，「事案」と「結論」に加えて，「判旨の大まかな流れ」を理解しておけば十分に正解できるはずです。

**〔処分性〕**

**問題　処分性に関する次の記述のうち，最高裁判所の判例に照らし，誤っているものはどれか。**

1・2　略

3　（旧）医療法の規定に基づく病院開設中止の勧告は，医療法上は当該勧告を受けた者が任意にこれに従うことを期待してされる行政指導として定められており，これに従わない場合でも，病院の開設後に，保険医療機関の指定を受けることができなくなる可能性が生じるにすぎないから，この勧告は，行政事件訴訟法３条２項にいう「行政庁の処分その他公権力の行使に当たる行為」に当たらない。

4・5　略　　（2016年度問題19正解３）

［原告適格］

**問題　原告適格に関する最高裁判所の判決についての次のア～オの記述のうち，正しいものはいくつあるか。**

ア　公衆浴場法の適正配置規定は，許可を受けた業者を濫立による経営の不合理化から守ろうとする意図まで有するものとはいえず，適正な許可制度の運用によって保護せらるべき業者の営業上の利益は単なる事実上の反射的利益にとどまるから，既存業者には，他業者への営業許可に対する取消訴訟の原告適格は認められない。

イ～オ　略

1～5　略　（2014年度問題17）

［狭義の訴えの利益］

**問題　狭義の訴えの利益に関する次のア～エの記述のうち，最高裁判所の判例に照らし，正しいものの組合せはどれか。**

ア　略

イ　土地改良法に基づく土地改良事業施行認可処分の取消しが求められた場合において，当該事業の計画に係る改良工事及び換地処分がすべて完了したため，当該認可処分に係る事業施行地域を当該事業施行以前の原状に回復することが，社会的，経済的損失の観点からみて，社会通念上，不可能であるとしても，当該認可処分の取消しを求める訴えの利益は失われない。

ウ　略

エ　都市計画法に基づく開発許可のうち，市街化調整区域内にある土地を開発区域とするものの取消しが求められた場合において，当該許可に係る開発工事が完了し，検査済証の交付がされた後でも，当該許可の取消しを求める訴えの利益は失われない。

1～3　略

4　イ・エ

5　略　（2020年度問題17正解４）

## ■準用の有無を確認しよう！

また，条文学習の際には「準用の有無」をしっかりと意識しましょう。「準用」とは，本来的にはAという事項について規定されている法令を，Aと類似する事項に読み換えを加えて，あてはめることをいいます。

以下に準用の有無に関する規定を例として挙げているので，一度まとめておくとよいでしょう。**何の準用かについて，メモするという一手間をかけておく**と，学習が楽になります。

**〈準用の有無に関する規定〉**

| | |
|---|---|
| **行政事件訴訟法** | 37条の２第４項・37条の４第４項・37条の５第４項第５項・38条・40条第２項・41条・43条・45条など |

## ■出題例

4　取消訴訟においては，自己の法律上の利益に関係のない違法を理由として取消しを求めることができないが，この制限規定は，無効確認訴訟には準用されていない。（2012年度問題16肢４）

3　不作為の違法確認の訴えの提起があった場合において，当該申請に対して何らかの処分がなされないことによって生ずる重大な損害を避けるため緊急の必要があるときは，仮の義務付けの規定の準用により，仮の義務付けを申し立てることができる。（2014年度問題16肢３）

1　仮の差止めの申立てについては，執行停止における内閣総理大臣の異議の規定は準用されていない。（2017年度問題19肢１）

5　「裁決の取消しの訴え」については，「処分の取消しの訴え」における執行停止の規定は準用されていないから，裁決について，執行停止を求めることはできない。（2017年度問題18肢５）

# 55 「国家賠償法・損失補償」の過去問分析

国家賠償法は全部で6条しかありません。そのため，**「判例」からの出題が圧倒的に多い**です。出題も「事案」と「結論」を知っていれば解ける問題がほとんどです。**特に国家賠償法1条・2条に関連する重要判例が多い**です。

また，「損失補償」に関しては，憲法29条3項でも詳しく学習しますから一緒に学習すれば効率が上がります。

**〔国家賠償法1条に関連する判例〕**

**問題　国家賠償法に関する次のア～エの記述のうち，最高裁判所の判例に照らし，正しいものの組合せはどれか。**

ア　略

イ　税務署長が行った所得税の更正処分が，所得金額を過大に認定したものであるとして取消訴訟で取り消されたとしても，当該税務署長が更正処分をするに際して職務上通常尽くすべき注意義務を尽くしていた場合は，当該更正処分に国家賠償法1条1項にいう違法があったとはされない。

ウ　略

エ　国家賠償法1条1項が定める「公務員が，その職務を行うについて」という要件については，公務員が主観的に権限行使の意思をもってする場合に限らず，自己の利をはかる意図をもってする場合であっても，客観的に職務執行の外形をそなえる行為をしたときは，この要件に該当する。

1～3　略

4　イ・エ

5　略　（2020年度問題20正解4）

〔国家賠償法２条に関連する判例〕

**問題　次の文章は，国家賠償法２条１項の責任の成否が問題となった事案に関する最高裁判所判決の一節である。空欄ア～エに入る語句の組合せとして，正しいものはどれか。**

国家賠償法２条１項の営造物の設置または管理の瑕疵とは，営造物が［　ア　］を欠いていることをいい，これに基づく国および公共団体の賠償責任については，その［　イ　］の存在を必要としないと解するを相当とする。ところで，原審の確定するところによれば，本件道路（は）……従来山側から屡々落石があり，さらに崩土さえも何回かあったのであるから，いつなんどき落石や崩土が起こるかも知れず，本件道路を通行する人および車はたえずその危険におびやかされていたにもかかわらず，道路管理者においては，「落石注意」等の標識を立て，あるいは竹竿の先に赤の布切をつけて立て，これによって通行車に対し注意を促す等の処置を講じたにすぎず，本件道路の右のような危険性に対して防護柵または防護覆を設置し，あるいは山側に金網を張るとか，常時山地斜面部分を調査して，落下しそうな岩石があるときは，これを除去し，崩土の起こるおそれのあるときは，事前に通行止めをする等の措置をとったことはない，というのである。……かかる事実関係のもとにおいては，本件道路は，その通行の安全性の確保において欠け，その管理に瑕疵があったものというべきである旨，……そして，本件道路における防護柵を設置するとした場合，その費用の額が相当の多額にのぼり，上告人県としてその［　ウ　］に困却するであろうことは推察できるが，それにより直ちに道路の管理の瑕疵によって生じた損害に対する賠償責任を免れうるものと考えることはできないのであり，その他，本件事故が不可抗力ないし［　エ　］のない場合であることを認めることができない旨の原審の判断は，いずれも正当として是認することができる。

（最一小判昭和45年８月20日民集24巻９号1268頁）

１～４　略

５　ア　通常有すべき安全性　イ　過失　ウ　予算措置　エ　回避可能性

（2019年度問題21正解５）

# 56 「地方自治法」の過去問分析

近年の地方自治法は３問しか出題されないのに，**範囲が非常に広く，やっかいな科目**です。

基本的に条文からの出題ですが，それが300条近くあり，かつ１つ１つが長いのです。「100条調査権」で有名な地方自治法100条を読んでいると，頭がクラクラするほどです。

そこで，頻出度の高い所を中心に学習しましょう。

次ページの**〈優先的に押さえるべき項目〉**のうち，⑤はほとんど毎年出題されますから，テキストで関連判例も含めて知識を整理したうえで，地方自治法242条・242条の２・242条の３は特にしっかりと読んでおきましょう。

地方自治法が苦手という受験生は非常に多くて，その理由の大半が**「イメージがつかみにくい」**というものです。

しかし！　地方自治法は，**実はとても身近な法律**なのです。条文に登場する「普通地方公共団体」というのは都道府県・市町村ですし，「都道府県の議会の議員」は，たとえば県議会議員です。「普通地方公共団体の長」は言うまでもなく都道府県知事・市町村長です。

ですから，学習をされる**皆さんの地元に置き換えればよい**のです。たとえば，山形県鶴岡市にお住まいの方でしたら，吉村美栄子知事・皆川治市長のことを思い浮かべつつ条文を見れば，「我がこと」として理解が進むはずです（県知事・市長は2021年２月時点）。

地方自治法142条を読む時に，「吉村美栄子知事は，山形県に対し……」と読み換えるだけで全然理解が変わりませんか？

地方自治法は，とにかく「我がこと」として具体的イメージを持つことが大切なのです。そうすれば，無味乾燥だった地方自治法が，一気に身近になりますよ。

### 〈優先的に押さえるべき項目〉

① 地方自治法上の「地方公共団体」
② 執行機関
③ 議会と長の関係
④ 直接請求
⑤ 住民監査請求と住民訴訟…ほぼ毎年出題！
⑥ 公の施設
⑦ 関与
⑧ 改正点…狙われやすい！

**問題 地方自治法に基づく住民訴訟に関する次の記述のうち，法令および最高裁判所の判例に照らし，妥当なものはどれか。**

1〜4 略

5 住民訴訟を提起した者は，当該住民訴訟に勝訴した場合，弁護士に支払う報酬額の範囲内で相当と認められる額の支払いを当該普通地方公共団体に対して請求することができる。 （2020年度問題24正解５）

実績 2006㉔・2007㉕・2008㉔・2009㉔・2010㉔・2011㉑・2013㉑・2014㉒・2015㉑・2017㉔

# 57 「ウソ条文」に気をつけろ!!

## 1 「ウソ条文」とは何か？

行政書士試験では，「**この法律にはそのような規定はない（ウソ条文）**」という選択肢がよく出題されます。

このような「ウソ条文」対策としては，日々の条文学習が効果的です。どれだけ日々条文と接しているかで正解率が変わってきます。

「あれ？　こんな規定は見たことがないぞ！」，「これだけ条文に触れてきた自分が違和感を感じるということは…ウソ条文だな！」という思考回路になるのです。

## 2 条文学習のポイント

**●まず，1条に注意する！**

1条には，その法律の「目的」や「趣旨」が書かれているため，条文を読む際の方向性が定まります。本試験でも1条からの出題があります。

**●続いて，2条を押さえる！**

2条には，その法律に登場する用語の「定義」が書いてある場合が多いです。たとえば，行政手続法・個人情報保護法・行政機関個人情報保護法・行政機関情報公開法・公文書管理法・会社法などがそうです。「定義」に関する出題もよくあるので，意識して押さえるようにしましょう。

**●各科目の頻出分野を読み込む！**

1条と2条を押さえたうえで，過去問分析を踏まえて，頻出の分野を読み込むという手法で条文を攻略しましょう。

〈条文を読めば高得点が狙える科目〉

- 憲法（統治）
- 行政手続法
- 行政不服審査法
- 行政事件訴訟法
- 国家行政組織法
- 国家公務員法
- 個人情報保護法
- 行政機関個人情報保護法
- 行政機関情報公開法

## 3　実際の出題例

具体的に見てみましょう。以下の問題のいずれも誤りの肢で，理由は「ウソ条文」だからです。

〔行政手続法〕

・不利益処分の名あて人となるべき者は，弁明の機会の付与の通知を受けた場合，口頭による意見陳述のために，弁明の機会の付与に代えて聴聞を実施することを求めることができる。（2016年度問題11肢２）

〔行政不服審査法〕

・審査請求人は，処分についての審査請求をした日（審査請求書につき不備の補正を命じられた場合は，当該不備を補正した日）から，行政不服審査法に定められた期間内に裁決がないときは，当該審査請求が審査庁により棄却されたものとみなすことができる。（2019年度問題14肢ア）

〔行政事件訴訟法〕

・無効確認訴訟は，取消訴訟の出訴期間経過後において，処分により重大な損害を生じた場合に限り提起することができる。（2012年度問題16肢オ）

この2012年度問題16肢オは，「無効確認訴訟」を規定する行政事件訴訟法36条にはそのような規定がないという「ウソ条文」なのですが，「重大な損害を生」じるという文言は，同法37条の２第１項や同法37条の４第１項に規定があります。このようなトラップに引っかからないためにも，腰を据えた条文学習が大切なのです。

# 合格者の勉強法

――このコーナーでは合格者の勉強法を講師の目線でご紹介します。

## Fさん（2019年度合格）

行政書士に仕事を依頼してから資格取得を決意。63歳で見事合格！

Fさんはご息女が中国の方とご結婚され，その方が日本でビジネスを始める際に行政書士へお仕事を依頼されたそうです。それが，Fさん自身も，行政書士という存在を知るきっかけだったとのことでした。

「豊村ゼミ」でのFさんは，毎回，最前列に座り，私が投げかける質問にも臆することなく答えられていたのが印象的です。ゼミの時に「私は歳ですから」と，冗談めかして話されていたのを覚えています。

そんなFさんの勉強法で特筆すべきは，「圧倒的な反復」です。私は，受講生によく「テキストや問題集を何回転くらいさせていますか？」と質問します。皆さんの進捗状況が知りたいからです。Fさんは毎回，他の受講生が驚くほどの回数をこなされていました。私が「すごいですね！」と言うと，Fさんは「いやいや，サラッとですよ。サラッと。」というのが口癖でした。

実はここに合格への秘訣が隠されています。結局，年齢にかかわらず，記憶を定着させるためには「反復すること」が重要なのです。Fさんは謙遜されていましたが，何度も繰り返すことで，知識の精度は上がりますし，繰り返すことで苦手な分野（弱点）が浮き彫りになるのです。

Fさんは，若い人に比べると記憶力が低下していると自覚されていたそうです。だからこそ，サラッと何回も繰り返す学習を実践していました。合格後にお会いした時，繰り返す作業はとても苦しいことだけど，これしかないと信じて頑張ったとおっしゃっていました。

### Fさんが合格した理由

- とにかく繰り返して知識の精度を高めたこと
- 年齢を言い訳にしなかったこと
- 通学ゼミでよき受験仲間にめぐり会えたこと

## Gさん（2019年度合格）

### 体育会系ラガーマンが一念発起して見事リベンジ合格！

元ラガーマンのＧさん。ラグビー選手として就職し，お仕事をされていたという異色の経歴の持ち主です。しかし，ケガをきっかけに，その後の人生を考えた時，行政書士であるお父様の仕事に興味を持ったのが受験のきっかけでした。

Ｇさんの特徴は，①徹底したスケジュール管理と②自己コントロール，③パワー学習の３点でしょうか。

まず，スケジュール管理では，大きな壁掛けカレンダーにその月の目標を明記していました。たとえば，「行政法過去問集３周・440問」，「民法過去問集３周・140問」のように，「To Do リスト」を書き，それを「自分との約束」として必ず達成するようにしたそうです。

月々のスケジュールを立てても，全部を消化できないこともあります。しかし，Ｇさんはそれを許さない，強い自己コントロール力を発揮し，本試験まで自らが立てた学習スケジュールはすべて消化されたそうです。

さらには，月々の学習時間を棒グラフで管理されていました。月100時間が目盛りの MAX だったのが，８月以降はそれを突き破っていました。

また，パワー学習という点は，元ラガーマンのＧさんならではの特徴です。合格後に使い込んだ過去問集を見せていただいたのですが，多い問題で16回，少なくても11回以上繰り返されていました。圧巻です。

地元・熊本で開業されたＧさん。「熊本ナンバーワンの行政書士になります！」と力強く宣言されていました。

### Ｇさんが合格した理由

- 毎月の「To Do リスト」を作ったこと
- 「To Do リスト」をすべてやり遂げたこととそれを支えた強い精神力
- 記憶が定着するまで何度も繰り返したこと

# Chapter 6

# 「商法・会社法」の攻略法

**問題の形式**：５肢択一（商法１問・会社法４問）
**目標正答数**：**２～３問**以上

# 58 初学者と中上級者でアプローチは異なる

商法・会社法は，**受験生がもっとも後回しにしがちな科目**です。ビジネスにおいても重要な規定が多くある法律ですが，行政書士試験の受験勉強ではそれほど時間をかけられないのが現実でしょう。

そこで，以下「初学者」，「中上級者」それぞれに向けて，商法・会社法に対するアプローチを示します。

## 1　初学者のアプローチ

初学者の方は，とにかく行政法・民法・憲法・一般知識の学習に追われているかと思います。しかも，多くの資格スクールのカリキュラムでは商法・会社法は法令科目の最後に組まれていますから，学習も後手に回りがちなはずです。

さらに，受験生の大半は社会人の方ですから，学習に割ける可処分時間にも限りがあります。結局，初学者の方は**「商法・会社法の学習の重要性」**と**「学習に割ける可処分時間」**を天秤にかけて，現実的に学習できる分量を探るのが最適ということになります。具体的には，後述する頻出テーマに絞ってメリハリをつけた学習をすることがオススメです。

## 2　中上級者のアプローチ

中上級者の方は，初学者の方よりは商法・会社法にかけられる時間も多く取れるでしょうから，頻出テーマのみならず，しっかりとカリキュラムに沿って学習を進められるといいのではないでしょうか。

商法・会社法を**得点源**にしたり，**リスクヘッジの一環**にしたりすることが十分に可能です。

# 59 「商法」の出題傾向を知る！

まずは，過去10年に出題された「商法」のジャンルを確認してみましょう。

| 年度 | 出題内容 |
|---|---|
| 2011 | 名板貸し |
| 2012 | 商行為通則（商人間の留置権） |
| 2013 | 商行為通則（契約の成立に関する規定） |
| 2014 | 商法上の支配人 |
| 2015 | 運送営業・場屋営業 |
| 2016 | 商法の適用 |
| 2017 | 商人および商行為 |
| 2018 | 商行為通則（多数当事者間の債務の連帯・報酬請求権等） |
| 2019 | 商行為通則（代理） |
| 2020 | 運送人の責任に関する特則 |

この表からわかるとおり，**「商行為通則」からの出題が非常に多い**です。この分野は，「民法」との比較で学習すると理解が進みます。「商法」の場合は，**商取引の迅速性・円滑性の観点から修正が加えられている規定が多い**のです。

内容的には，多少「重要判例」が問われることもありますが，基本的には「条文」からの出題が多くを占めます。どのような問題かを実際に見てみましょう。

## 条文知識を問う

### ■商法21～24条

**問題　商法上の支配人に関する次の記述のうち，商法の規定に照らし，正しいものはどれか。**

1　略

2　支配人は，商人の営業所の営業の主任者として選任された者であり，他の使用人を選任し，または解任する権限を有する。

3～5　略　（2014年度問題36正解２）

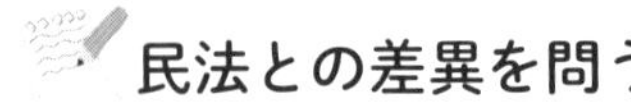

## 民法との差異を問う

問題　商行為の代理人が本人のためにすることを示さないでこれをした場合であって，相手方が，代理人が本人のためにすることを知らなかったときの法律関係に関する次の記述のうち，商法の規定および判例に照らし，妥当なものはどれか。なお，代理人が本人のためにすることを知らなかったことにつき，相手方に過失はないものとする。

1～4　略

5　相手方は，その選択により，本人との法律関係または代理人との法律関係のいずれかを主張することができる。　（2019年度問題36正解５）

このタイプの問題は，「民法」の各制度（たとえば，代理）を学習した後であれば，その制度が「商法」だとどのように変容しているのかという視点で学習できますから，比較的とっつきやすいです。

**〈民法との比較で学習すると記憶しやすい部分（一例）〉**

| | 民　法 | 商　法 |
|---|---|---|
| **顕名主義** | 民法99条１項 | 商法504条本文 |
| **契約の承諾** | 民法522条 | 商法509条２項 |
| **多数当事者間の債務** | 民法427条 | 商法511条１項 |
| **連帯保証** | 民法454条 | 商法511条２項 |
| **法定利率** | 民法404条 | 商法513条 |
| **流質契約** | 民法349条 | 商法515条 |

# 60 「会社法」の出題傾向を知る！

では，「会社法」について過去10年の出題を振り返ってみましょう。

| 年度 | 出題内容 | | | |
|---|---|---|---|---|
| 2011 | 設立 | 株式取得 | 機関（取締役） | 剰余金の配当 |
| 2012 | 設立 | 総合問題 | 機関(監査役設置会社・指名委員会等設置会社) | 吸収合併 |
| 2013 | 譲渡制限株式 | 機関（株主総会） | 機関（競業取引・利益相反取引） | 資金調達 |
| 2014 | 設立 | 株式の併合・分割 | 機関（株主総会） | 総合問題 |
| 2015 | 設立 | 単元株式 | 機関（監査役の選任・解任） | 総合問題 |
| 2016 | 設立 | 種類株式 | 機関（監査等委員会設置会社・指名委員会等設置会社） | 合名会社・合資会社 |
| 2017 | 設立 | 発行済株式の総数の増減 | 機関（取締役の報酬等） | 総合問題 |
| 2018 | 設立 | 譲渡制限株式 | 機関（社外取締役） | 剰余金の配当 |
| 2019 | 設立 | 単独株主権 | 機関（取締役会） | 機関(株主総会・取締役) |
| 2020 | 設立 | 自己株式の取得 | 機関（株主総会） | 総合問題 |

この表を見ても明らかなように，**「設立」**，**「機関」**からの出題が際立って多いです。学習をする際も，この２分野に重点的に力を割くことがコストパフォーマンスの観点からもよいでしょう。

また，「機関」の中でも**「株主総会」**，**「取締役・取締役会」**からの出題が多いですから，学習する際にはメリハリをつけるとよいでしょう。

では実際に過去問を見てみましょう。

## 「株式会社の設立」 超頻出

**問題　株式会社の設立における出資の履行等に関する次のア～オの記述のうち，会社法の規定に照らし，誤っているものの組合せはどれか。**

ア　株式会社の定款には，設立に際して出資される財産の価額またはその最低額を記載または記録しなければならない。

イ・ウ　略

エ　設立時募集株式の引受人のうち出資の履行をしていないものがある場合には，発起人は，出資の履行をしていない引受人に対して，期日を定め，その期日までに当該出資の履行をしなければならない旨を通知しなければならない。

オ　設立時募集株式の引受人が金銭以外の財産により出資の履行をする場合には，発起人は，裁判所に対し検査役の選任の申立てをしなければならない。

1～4　略

5　エ・オ　　（2019年度問題37正解５）

肢アでは，定款の「絶対的記載事項（会社法27条４号）」を問うており，肢エでは，募集設立における「当然失権（会社法63条３項）」を問うています。どちらも基本事項ですし，他の肢もテキストに登場する条文知識です。

## 機関―株主総会 学習効率がとても高い！

具体的には，「株主総会」，「取締役」，「取締役会」，「監査役」などについて規定された部分です。中でも，**「株式総会」，「取締役・取締役会」からの出題が圧倒的に多い**です。

まとめると，会社法の学習は「株式会社の設立」と「機関」にウェイトを置くとよいでしょう。時間が取れない人は「株主総会」，「取締役・取締役会」に絞ると効率的です。

**問題　株主総会に関する次の記述のうち，会社法の規定に照らし，誤っているものはどれか。**

1～3　略

4　株主総会においてその延期または続行について決議があった場合には，株式会社は新たな基準日を定めなければならず，新たに定めた基準日における株主名簿に記載または記録されている株主が当該株主総会に出席することができる。

5　略　（2020年度問題39正解４）

基本的な知識が問われており，落とせない問題です。

## 機関─取締役・取締役会

**問題　取締役会設置会社（指名委員会等設置会社および監査等委員会設置会社を除く。）の取締役会に関する次の記述のうち，会社法の規定に照らし，誤っているものの組合せはどれか。なお，定款または取締役会において別段の定めはないものとする。**

ア　取締役会は，代表取締役がこれを招集しなければならない。

イ　取締役会を招集する場合には，取締役会の日の１週間前までに，各取締役（監査役設置会社にあっては，各取締役および各監査役）に対して，取締役会の目的である事項および議案を示して，招集の通知を発しなければならない。

ウ～オ　略

1　ア・イ

2～5　略　（2019年度問題39正解１）

# 61 会社法の条文は楽に読める工夫をしよう！

商法と会社法の出題は大半が**「条文」**からです。とするならば，学習していく過程で条文を読む機会が多くなるはずです。商法の条文を読むことは，ボリュームを考えてもそこまで苦労しないでしょう。問題は，会社法の条文です。

たとえば，会社法93条を見てみましょう。「設立時取締役等による調査」の条文です。

**会社法93条**

１項：設立時取締役（設立しようとする株式会社が監査役設置会社である場合にあっては，設立時取締役及び設立時監査役。以下この条において同じ。）は，その選任後遅滞なく，次に掲げる事項を調査しなければならない。

１号：第33条第10項第１号又は第２号に掲げる場合における現物出資財産等…（以下略）

２号：第33条第10項第３号に規定する証明が相当であること。

（３号以下略）

**会社法309条**

（１項略）

２項：前項の規定にかかわらず，次に掲げる株主総会の決議は，当該株主総会において議決権を行使することができる株主の議決権の過半数（３分の１以上の割合を定款で定めた場合にあっては，その割合以上）を有する株主が出席し，出席した当該株主の議決権の３分の２（これを上回る割合を定款で定めた場合にあっては，その割合）以上に当たる多数をもって行わなければならない。（以下略）

１号：第140条第２項及び第５項の株主総会

２号：第156条第１項の株主総会（第160条第１項の特定の株主を定める場合に限る。）

（以下略）

会社法93条１項１号を読んでみてください。すると，同法の33条10項１号と２号を参照しなければならないことに気づくでしょう。さらに，93条１項２号を読むと，同法の33条10項３号という文言が出てきます。

「大変だな～。でも他の条文はそんなに手間がかからないだろう」と思ったら，とんでもありません！

次は，「株主総会の決議」について規定する309条を見てみましょう。ここにも他の条文番号が出てきます。「会社法」の条文は，こういう規定ばかりなのです。ある条文を読もうと思ったら，別の条文を参照しなければなりません。ただでさえ，割く時間が限られているのに，条文を読むのに手間がかかるということになれば，効率が悪すぎます。そこで，商法・会社法の条文対策には，以下の六法をオススメします。

## オススメ六法

**『司法試験・予備試験 完全整理択一六法 商法』**（東京リーガルマインド）

このテキストには，商法だけでなく，会社法も収載されており，条文を読む際にわざわざ参照条文を見なくてもよいように工夫されています。以下の引用の〈　　〉部分がそうです。「会社法」の条文を読む際に，相当な時間短縮が図れるはずです。

**第93条（設立時取締役等による調査）**

1項柱書　略

1号：第33条第10項第1号〈小額免除〉又は第2号〈有価証券免除〉に掲げる場合における現物出資財産等…（以下略）

**第309条（株主総会の決議）**

（1項・2項柱書略）

1号：第140条第2項及び第5項〈譲渡制限株式の株式会社又は指定買取人による買取り〉の株主総会

2号：第156条第1項〈自己株式の取得に関する事項の決定〉の株主総会（第160条第1項の特定の株主を定める場合に限る。）

（以下略）

**『デイリー六法』**（三省堂）

三省堂の『デイリー六法』も同様の編集を施してくれているので，非常に読みやすい六法です。受験生が日頃の学習で使用する六法としてもオススメです。

# 62 時間がなければ思い切って捨ててしまう⁉

商法・会社法の最後に大事なことをお話ししておきます。前述したように，商法・会社法は**どうしても学習が後手に回ってしまう科目**です。

ですから，実は合格者の中にも商法・会社法は「捨てた」という方は少なからずいらっしゃいます。

お仕事をされながら，残りの可処分時間の中で学習を積み重ねられるわけですし，急なお仕事が入って，商法・会社法対策の時間をうまく確保できないこともあるでしょう。

もし，どうしても時間が捻出できないという受験生には，**行政法と民法を徹底的にマスターすることを条件に，「捨てる」という選択もアリ**です。

特に，初学者の方は，行政法・民法で手一杯になってしまうことが十分に考えられるので，「捨てる」という選択がやむをえないことがあるのです。

ただし，あくまでこれは**一通り学習を終えてから考えるべき最終手段**です。

特に初受験・初学者の方でいったん「捨てる」という選択をしたのなら，潔く捨てましょう。その代わり，その分の学習時間を「行政法」，「民法」に徹底的に注ぎ込んでください。

# 合格者の勉強法

――このコーナーでは合格者の勉強法を講師の目線でご紹介します。

## Hさん（2019年度合格）

### 講義を３倍速で聴いて，記述式満点で笑顔の合格！

記述式で60点満点を取って見事合格されたＨさん。Ｈさんとの出会いは，当時私がやっていたツイッターです。

ある日，「豊村クラスの講義を一通り視聴し終わって，現在は３倍速で視聴している」というリプライがＨさんから届きました。２倍速で視聴する方はよくいますが，３倍速というのは初めてだったのでビックリしました。

Ｈさんの記述式学習法は，ご自身のブログで紹介されていましたが，おおむね以下のとおりです。

まずは，メインテキストに記述式の過去問で出題された箇所の「年度」と「内容」を書き込んだインデックスシールを貼ります。そのうえで，記述式の過去問で出題されたテキストの部分をマーカーペンで囲んで目立たせます。次に，テキストの該当箇所の周辺知識を書き込みます。

さらには，記述式の過去問を分析して，「問われ方」，「正解例」を叩き込みます。そして早めに記述式対策講座に着手して周辺知識も含めて完全に習得します。

ここまで記述式対策を徹底するメリットは，記述式に自信が持てること以外に，択一式の学習や条文を読む際にも記述式を意識できる点があります。日常の択一学習や条文読みをする際に，「仮に記述式で出題されたら，キーワードは○○だな」と確認できるようになるのです。

合格祝賀会でお会いした時，ご友人からプレゼントされた「記述キラーメダル」と書かれた大きな金メダルがＨさんの胸で輝いていました。

**Ｈさんが合格した理由**

- 記述式問題への徹底した対策を自分で考え抜いて講じたこと
- 記述式問題の対策を択一式学習・条文学習に上手に反映させたこと
- 記述式問題への早期の取り組み

## I さん（2018年度合格）

ご家庭の事情で学習時間が取れず受験をあきらめかけたものの「あきらめたらそこで試合終了ですよ」の言葉を胸に見事な逆転合格！

Ｉさんは，２年目の学習をスタートする際に「Studyplus（スタディプラス）」という学習総合サイトに登録し，行政書士受験生とさまざまな情報交換をされたそうです。資格スクールのライブクラスに通えない場合などは，このようなサイトを使うのも有用ですね。

面白いなと思ったのが，学習をする際に作戦名をつけられていたことです。たとえば，「覚えられないなら条文を解け！作戦」，「できなくてもがっかりしない！作戦」，「仲間とがんばる！作戦」などです。進むべきルートを明確にして，自分を奮い立たせる意味でも，よいアイデアですね。

Ｉさんを語るうえで欠かせないのが，「あきらめないことの大切さ」です。

ご家庭の事情で夏に学習時間がうまく取れずに，本試験を受験するのをあきらめかけたそうです。ちょうどその頃，漫画『スラムダンク』の安西先生の有名な言葉「あきらめたらそこで試合終了ですよ」を引き合いにして私が激励のブログを書きました。Ｉさんは，そのブログを見て「よし！　あきらめずにやり遂げよう！」と気持ちを新たにされたそうです。そして，見事に合格を勝ち取られました。

試験後，Ｉさんからお礼にと，「三井の寿」という素晴らしい日本酒を贈っていただきました。そう！『スラムダンク』の登場人物「三井寿」にかけたお酒をチョイスしていただいたのです。感動しました。

### Ｉさんが合格した理由

- 学習総合サイト「Studyplus」で励ましあえる仲間を得たこと
- 学習の指針が明確になるような工夫をしたこと
- 最後まで絶対にあきらめなかったこと

# Chapter 7

# 「政治・経済・社会」の攻略法

問題の形式：５肢択一７～８問
目標正答数：**３～４問**

# 63 「大学入学共通テスト」の対策テキストとほぼ同じレベル！

「一般知識」の出題は計14問で，大きく３つの柱からなっています。①政治・経済・社会（問題47～問題54の８問），②情報通信・個人情報保護（問題55～問題57の３問），③文章理解（問題58～問題60の３問）です。そして，**この14問で６問以上正解しないと，基準点割れとなり，法令科目がどれだけできていても不合格**となります。

学習の戦略としては，比較的対策がしやすい**②と③を「攻め」の意識**で重点的に学習して，**①は「守り」の意識**で学習します。

Chapter７～９では，①②③の順で傾向と対策を確認しましょう。

まず「守り」の意識で学習する政治・経済・社会は，８問出題され，**「一般知識科目」の中でも，もっとも出題数が多い科目**です。

「政治・経済・社会」を正面から学習しようとすれば，非常に膨大な労力を要します。また，受験生の多くが出題を予測しておらず，準備をしていない**「地雷問題」**がしばしば出題されることもあります。

たとえば，以下のような問題です。

### ■地雷問題の出題例

**問題　戦後日本の消費生活協同組合（以下「生協」という。）に関する次の記述のうち，妥当なものはどれか。**

1～3　略

4　生協は，その主たる事務所の所在地に住所が在るものとされている。

5　略

（2018年度問題49正解４）

**問題　度量衡に関する次の記述のうち，Ａの方がＢよりも大きな値となるものはどれか。**

1　Ａ　1坪　Ｂ　1平方メートル

2～5　略

（2017年度問題51正解１）

**問題　次の記述のうち，社会の様々な問題を題材に取り上げた小説家・山崎豊子の著作として，妥当なものはどれか。**

1・2　略

3　『白い巨塔』では，国立大学医学部における教授選挙を巡る闘争や，外科手術に関連する医療過誤訴訟を描いた。

4・5　略　（2017年度問題53正解３）

このような文学史的な出題にまで手を広げだしたらキリがありません。ですから，「政治・経済・社会」はある程度割り切った学習が必要になるのです。しかし，過去問を分析してみると，頻出分野が見えてきます。

| | | |
|---|---|---|
| 政治 | 諸外国の歴史・政治体制 | 2011㊼・2012㊾・2017㊼・2020㊼㊽ |
| | 日本の行政組織 | 2010㊽・2016㊾・2018㊽ |
| | 日本の選挙制度 | 2015㊽・2016㊽ |
| | 中央省庁の行政改革 | 2013㊷・2014㊽・2019㊾ |
| | 戦後政治史 | 2011㊽・2013㊽・2019㊼ |
| | 核問題 | 2014㊿・2016㊼ |
| 経済 | 貿易の自由化（GATT・WTO・TPP 等） | 2011㊿・201452・2016㊿ |
| | 戦後経済史 | 2012㊿・2013㊾・201651・2020㊾ |
| 社会 | 日本の租税・社会保障制度（税金・年金・生活保護等） | 201151・2017㊽・202051 |
| | 日本の雇用・労働問題 | 201052・201253・201351・2019㊿ |
| | 外国人問題・難民問題 | 201053・201454・201652・2018㊼ |

これらの分野に関しては，繰り返し出題されていますから，重点的に学習をしましょう。問題のレベルは，「大学入学共通テスト（旧センター試験）」の「政治・経済」，「現代社会」対策テキスト掲載の知識とほぼ同じです。資格スクールに通われている方は，資格スクールの講義やテキストで対応すればよいでしょう。独学の方は，過去問を眺めながら，以下の書籍（いずれかでOK）を使って上記分野をまずは学習しましょう。

また，時事問題が出題されることもあります（2016年度問題47肢５，2016年度問題50，2018年度問題47等）。

その対策としては，**『ニュース検定』のテキスト**でフォローするのが一手です。『ニュース検定』のテキストは，時事問題のみならず，核軍縮や消費税のような重要トピックについてもわかりやすく解説されていますから，資格スクールに通われている方も副読本として購入することをオススメします。

**■時事問題の出題例**

**問題　2017年11月から始まった新しい外国人技能実習制度に関する次のア～オの記述のうち，妥当でないものの組合せはどれか。**

ア　新しい制度が導入されるまでは，外国人の技能実習制度は，専ら外国人登録法による在留資格として定められていた。
イ・ウ　略
エ　外国人技能実習制度の円滑な運営および適正な拡大に寄与する業務を，国際協力機構（JICA）が新たに担うことが定められた。
オ　略

1　ア・エ　　2～5　略　　（2018年度問題47正解１）

**『大学入学共通テスト 政治・経済の点数が面白いほどとれる本』**
（執行康弘著，KADOKAWA）

**『大学入学共通テスト 現代社会の点数が面白いほどとれる本』**
（村中和之著，KADOKAWA）

**『ニュース検定　基礎編』**
（日本ニュース時事能力検定協会監修，毎日新聞出版）

# 64「政治」の出題傾向を知る！

「政治・経済・社会」の問題は，どれも難易度が高いわけではなく，単なる知識問題といえます。つまり，**知っていれば解けるし，知らなければ選択肢を切るのが困難**ということです。では，実際の過去問を見てみましょう。

**問題　各国の政治体制に関する次のア～オの記述のうち，妥当なものの組合せはどれか。**

ア～ウ　略
エ　ロシアでは，1990年代前半に成立した新憲法において三権分立制がとられているが，大統領に首相の任命権が付与されており，連邦議会は連邦会議と国家会議の二院制となっている。
オ　中国では，最高権力をもつ一院制の全国人民代表大会（全人代）の下に，常設機関である常務委員会が設けられ，法令の制定，条約の批准など広範な権限をもつとともに，国務院が設けられ行政を担当している。

1～4　略　　5　エ・オ　　（2011年度問題47正解５）

この問題は**「各国の政治体制」**の基本事項を問う問題です。資格スクールの講義でもしっかりと学習する分野ですし，過去のセンター試験でも出題されています（2019年センター試験「政治・経済」追試）。

**問題　日本の選挙に関する次の記述のうち，誤っているものはどれか。**

1・2　略
3　比例代表により選出された衆議院議員は，所属する政党を離党し，当該選挙における他の衆議院名簿届出政党に所属した時でも，失職しない。
4・5　略　　（2015年度問題48正解３）

この問題は**「日本の選挙」**に関する基本問題です。p.131の表で指摘したとおり行政書士試験では頻出テーマの１つです。もちろん過去のセンター試験でも問われています（2007年センター試験「現代社会」本試）。

## ■戦後政治史からの出題例

**問題　近現代の日本の汚職・政治腐敗などの疑獄事件に関する次の記述のうち，明らかに誤っているものはどれか。**

1～3　略

4　航空機売り込みをめぐる収賄容疑で，現職の首相である田中角栄が逮捕されたロッキード事件が起きた。そのため，与党の自由民主党内で「田中おろし」がなされ，田中内閣が総辞職して福田赳夫内閣が成立した。

5　略　　（2012年度問題48正解４）

「戦後史」は，**「戦後政治史」**，**「戦後経済史」**，**「戦後社会史」**のいずれも出題実績があります。ここでは，「戦後政治史」の出題例を掲載しました。もちろん過去のセンター試験でも問われています（2005年センター試験「現代社会」追試）。

# 65 「経済」の出題傾向を知る！

**問題　2016年2月に署名されたTPP（Trans-Pacific Partnership）協定に関する次のア～オの記述のうち，妥当なものの組合せはどれか。**

ア　略
イ　TPP協定により，音楽や小説などの著作権の保護期間が統一されることとなり，日本では著作権の保護期間が，これまでよりも延長されることとなる。
ウ　略
エ　TPP協定により，日本が輸入する全品目の9割以上で，最終的に関税が撤廃されることとなる。
オ　略

1～3　略　　4　イ・エ　　5　略　　（2016年度問題50正解4）

「TPP協定」からの出題です。

貿易の自由化に関する分野を学習する際は，「戦前のブロック経済→GATT→WTO→FTA・EPA」という**大まかな歴史の流れを追う**と理解が進みます。

**問題　企業の独占・寡占に関する次のア～オの記述のうち，妥当なものの組合せはどれか。**

ア　ビール，乗用車，携帯電話サービスなどは，少数の大企業に生産が集中する寡占化が進んでおり，国内の市場占有率は，近年上位3社で6割を超えている。
イ・ウ　略
エ　独占禁止法により，持ち株会社の設立は当初禁止されていたが，その後の法改正により，その設立は解禁された。
オ　略

1　ア・エ
2～5　略　　（2012年度問題51正解1）

企業の独占・寡占に関する出題です。独占・寡占を学習する際は，**前提として完全競争市場を学ぶ必要**があります。完全競争市場と寡占市場の比較についてはセンター試験でも問われています。

## ■戦後経済史からの出題例

**問題　日本のバブル経済とその崩壊に関する次の文章の空欄［Ⅰ］～［Ⅳ］に当てはまる語句の組合せとして，妥当なものはどれか。**

1985年のプラザ合意の後に［Ⅰ］が急速に進むと，［Ⅱ］に依存した日本経済は大きな打撃を受けた。［Ⅰ］の影響を回避するために，多くの工場が海外に移され，産業の空洞化に対する懸念が生じた。

Ｇ７諸国の合意によって，為替相場が安定を取り戻した1987年半ばから景気は好転し，日本経済は1990年代初頭まで，平成景気と呼ばれる好景気を持続させた。［Ⅲ］の下で調達された資金は，新製品開発や合理化のための投資に充てられる一方で，株式や土地の購入にも向けられ，株価や地価が経済の実態をはるかに超えて上昇した。こうした資産効果を通じて消費熱があおられ，高級品が飛ぶように売れるとともに，さらなる投資を誘発することとなった。

その後，日本銀行が［Ⅳ］に転じ，また［Ⅴ］が導入された。そして，株価や地価は低落し始め，バブル経済は崩壊，平成不況に突入することとなった。

| | Ⅰ | Ⅱ | Ⅲ | Ⅳ | Ⅴ |
|---|---|---|---|---|---|
| 1 | 円安 | 外需 | 低金利政策 | 金融引締め | 売上税 |
| 2 | 円安 | 輸入 | 財政政策 | 金融緩和 | 売上税 |
| 3 | 円高 | 輸出 | 低金利政策 | 金融引締め | 地価税 |
| 4 | 円高 | 外需 | 財政政策 | 金融緩和 | 売上税 |
| 5 | 円高 | 輸入 | 高金利政策 | 金融引締め | 地価税 |

（2020年度問題49正解３）

# 66 「社会」の出題傾向を知る！

## ■社会

**問題　日本の雇用・労働に関する次のア～オの記述のうち，妥当なものの組合せはどれか。**

ア　略

イ　近年，非正規雇用労働者数は増加する傾向にあり，最近では，役員を除く雇用者全体のおおよそ4割程度を占めるようになった。

ウ・エ　略

オ　いわゆる働き方改革関連法*により，年次有給休暇が年10日以上付与される労働者に対して年5日の年次有給休暇を取得させることが，使用者に義務付けられた。

（注）＊　働き方改革を推進するための関係法律の整備に関する法律

1～3　略　　4　イ・オ　5　略　　　　(2019年度問題50正解4)

「日本の雇用・労働」に関する出題です。近年**「働き方改革」**が提唱され，「働き方改革関連法」も制定されたので，これからも出題が予想されます。もちろん過去にセンター試験でも「日本の労働市場」として出題されています(2010年センター試験「現代社会」本試)。

**問題　日本の廃棄物処理に関する次のア～オの記述のうち，妥当でないものの組合せはどれか。**

ア・イ　略
ウ　産業廃棄物の処理は，排出した事業者ではなく，都道府県が行うこととされており，排出量を抑制するために，産業廃棄物税を課す都道府県がある。
エ　産業廃棄物の排出量増大に加えて，再生利用や減量化が進まないことから，最終処分場の残余容量と残余年数はともに，ここ数年で急減している。
オ　略

（注）　＊　廃棄物の処理及び清掃に関する法律
1～3　略
4　ウ・エ
5　略　（2019年度問題53正解４）

「日本の廃棄物処理」に関する問題です。大きな括りでは**「環境問題」**といえるでしょう。「環境問題」は，公害問題（2007年度問題51・2011年度問題53）や環境に関する条約（2005年度問題54）の出題実績がありますので，共通テストの参考書や『ニュース検定』テキストの該当箇所には目を通しておきましょう。

## ■戦後社会史からの出題例

**問題　終戦（1945年８月15日）後の日本で発生した自然災害に関する次の記述のうち，妥当でないものはどれか。**

1～3　略
4　1995年に発生した阪神・淡路大震災では，都市部における大規模な火災や建物の倒壊などにより，100人を超える行方不明者が依然存在している。
5　略　（2016年度問題53正解４）

**「地球温暖化への取り組み」，「戦後の環境問題（四大公害等）」，「社会保障制度の変遷」**等は重要テーマですので，時系列を意識しながら学習しましょう。

# 合格者の勉強法

――このコーナーでは合格者の勉強法を講師の目線でご紹介します。

## Ｊさん（2019年度合格）

首の病気でまともにテキストを見ることさえできなかった。困難を乗り越えて受験４回で気合の合格！

市販教材を使って学習を始め，１回目の受験に挑んだＪさん。２回目は大手資格スクールを受講したものの，首の持病が悪化して６月までしか勉強を継続できなかったそうです。首の手術を受けた３回目の年。この頃の受験勉強は手術後ということもあり，テキストを読む体勢にすらなれず，非常に苦しかったとおっしゃっていました。そして，迎えた受験４回目。ようやく首の状態もよくなり，私の講座を受講されました。

Ｊさんの勉強法にも独自の工夫がたくさんありました。まず，テキストにも六法にも細かくインデックスシールを貼り，「どこに何が書いてあるのか」を検索しやすくしていました。特に直前期は，「膨大な情報から自分の欲しい情報を容易に検索できること」が非常に大切です。このひと手間が，後々とても合理的なのです。

次に，マーカーペンでの色分けです。たとえば，テキストの文章で，「～ができる」はオレンジ色，「～ができない」は青色というように，ルールを決めて色分けすることで，すぐに重要な結論がわかるようにしていました。

また，学習時間を確保するため，カフェの月額制ワーキングスペースを利用していたそうです。自宅で学習できない場合，このような有料自習室を利用する合格者もいらっしゃいます。

合格後，受験した過去４回分の成績表を見せてもらいました。受験１回目の80点と合格時の204点の成績を見ながら，「自分でもよくここまで頑張ったと思います」としみじみと語られていたのがとても印象的でした。

### Ｊさんが合格した理由

- 持病の困難を抱えながらも不屈の精神で乗り越えたこと
- 検索性を高める学習上の工夫が素晴らしかったこと
- 有料学習スペースをうまく利用して学習時間を捻出したこと

## Kさん（2014年度合格）

合格間違いなしの実力者がまさかの基準点割れ。悔しさをバネに見事リベンジ達成。

Kさんとの出会いは，2013年度の本試験直後。憔悴しきった様子で私の個別相談会に参加されていました。同席された奥さんも同様に沈んだ雰囲気でした。

どうしたのかと思い尋ねると，「一般知識科目」が5問しか取れずに，基準点割れになってしまったということでした。

そのような方は，毎年多少いらっしゃいます。しかし，Kさんは某スクールの全国模試で1位を取るような人だったのです。つまり，どう考えても合格する実力を圧倒的に備えながら，「一般知識科目」の1問のために不合格になったのです。おそらく実力から考えて，「法令科目」の出来は，その年度の合格者の中でもトップレベルだったでしょう。これは悔しいですよね。

今でこそ言えることですが，2013年度にそのレベルまで達していたKさんに教えることはそんなにありません。また，Kさん自身も非常に勤勉な方で，気を抜くことなく1年間学習を継続されました。やはり，前年度の不合格の悔しさがKさんのモチベーション維持を強く後押ししたのでしょう。

「行政手続法」，「行政不服審査法」，「行政事件訴訟法」，「憲法（統治）」に関してはコンスタントに条文の読み込みをして，問題演習も納得のいくまで入念に取り組まれていました。判例の内容や条文の構造等について，仲のよい受験仲間と3人でよくディスカッションもされていました。この3人は全員合格されました。

見事，合格を果たされた後，Kさんは満面の笑顔で挨拶に来られました。もちろん奥さんも一緒に。最高のリベンジを果たされたわけです。

### Kさんが合格した理由

- リベンジを果たすという強い気持ちを持ち続けたこと
- 実力者でありながらさらなる努力を継続したこと
- よい受験仲間に恵まれたこと

# Chapter 8
# 「情報通信・個人情報保護」の攻略法

**問題の形式**：５肢択一３～４問
**目標正答数**：**２問**以上

# 67 情報通信用語を攻略する！

「情報通信」の出題のされ方は，大きく分けて①**情報通信用語の知識を問うタイプ**，②**情報通信に関連する個別法の知識を問うタイプ**の２つです。近年は，①からの出題が多い傾向があります。

行政書士試験で，「情報通信」が試験科目に入っているのは，業務としてITを活用することが不可避な中，実務に就く前の段階で**最低限のIT知識は習得しておくべきという要請**からです。行政書士の業務でも電子申請を扱うことがありますから，実務との結びつきという点でも重要です。

IT用語に関する問題では，基本的な知識が問われているので，**情報通信関連の日々のニュースにアンテナを張っておきましょう**。

## オススメサイト

情報通信用語は，資格スクールに通っている方なら，資格スクールのテキストの用語集を使えばよいでしょう。独学の方であれば，以下のサイトを使われるとよいでしょう。

**『国民のための情報セキュリティサイト』**（総務省）

（http://www.soumu.go.jp/main_sosiki/joho_tsusin/security/）

このサイト内の**「用語辞典」が優れもの**なのです。情報通信用語を「五十音順」，「アルファベット順」で解説しているだけでなく，特に重要な用語には**「重要ワード」**と示されています。ぜひスキマ時間にチェックしてください。

**『大塚商会 IT 用語辞典』**

https://www.otsuka-shokai.jp/words/

もう１つ紹介します。「大塚商会」のサイトです。「五十音順」，「頭文字のアルファベット」のどちらでもIT用語を検索できます。しかも，**「新着 IT 用語」**として，新しい用語をどんどん追加掲載してくれています。

このサイトは個人的に超オススメです。本試験までスマホのお気に入りに登録しておいて**スキマ時間に触れると効果絶大**です。

## 情報通信用語を問う問題

近年の主流の出題傾向です。**用語を知っているか否かを問うてくる**ので，難易度はそれほど高くありません。用語の説明や記述について判断するものから，穴埋めまでさまざまなタイプの出題がありますが，いずれにしても用語を知らないと解答が非常に困難です。

**問題　情報処理に関する次のア～オの記述のうち，誤っているものの組合せはどれか。**

ア　オブジェクト指向データベースとは，目標とされる語句の検索を正しく行えるようにデザインされたデータベースを指す。
イ　略
ウ　ビッグデータとは，ネットワーク上で一つのデータが１ギガバイト以上の容量を持つようなデータを指す。
エ・オ　略

1　ア・ウ
2～5　略　　（2016年度問題56正解１）

**問題　情報や通信に関する次のア～オの記述にふさわしい略語等の組合せとして，妥当なものはどれか。**

ア　現実ではないが，実質的に同じように感じられる環境を，利用者の感覚器官への刺激などによって人工的に作り出す技術
イ　大量のデータや画像を学習・パターン認識することにより，高度な推論や言語理解などの知的行動を人間に代わってコンピュータが行う技術
ウ　ミリ波などの高い周波数帯域も用いて，高速大容量，低遅延，多数同時接続の通信を可能とする次世代無線通信方式
エ　人が介在することなしに，多数のモノがインターネットに直接接続し，相互に情報交換し，制御することが可能となる仕組み
オ　加入している会員同士での情報交換により，社会的なつながりを維持・促進することを可能とするインターネット上のサービス

1～4　略
5　ア　VR　イ　AI　ウ　5G　エ　IoT　オ　SNS　　（2019年度問題54正解５）

# 68 IT 関連の個別法を攻略する！

IT 関連の個別法（たとえば，「不正アクセス禁止法」，「プロバイダ責任制限法」）については，ただでさえ「行政法」や「民法」に学習の時間を割かなければならないのに，読む時間は通常ないでしょう。

ですから，各自のテキストに掲載されている個別法に目を通したうえで，あとは過去問・問題集・模試で出る知識を押さえる程度でよいです。それ以上は深入りしないようにしましょう。

## IT 関連の個別法を問う問題

**問題　次のうち，いわゆる「プロバイダ責任制限法*」についての記述として，妥当なものはどれか。**

1　略

2　この法律では，情報の発信は不特定の者に対するものでなければならないので，特定人のみを相手とする通信は適用の対象とならず，ウェブサイトでの公開のような情報の発信が適用の対象となる。

3～5　略

（注）　*　特定電気通信役務提供者の損害賠償責任の制限及び発信者情報の開示に関する法律

（2010年度問題55正解２）

# 69 個人情報保護法は落とせない！

個人情報保護分野は，**「個人情報保護法」**等の法律から出題されます。つまり，「政治・経済・社会」のように出題範囲がある意味無限定に広がるのではなく，**範囲が限られている分野**です。だからこそ，学習の成果が出やすく，本試験でも得点源にするべきなのです。

「個人情報保護法」は，例年１～２問出題されます。いずれにしても**「条文」からの出題**ですから，テキストを中心に学習しつつも，面倒くさがらずに**丁寧に条文を参照**してチェックするようにしましょう。まずは，**「定義」をしっかりと正確に理解・暗記することが必要**です。

理解しにくい部分については，テキストの表やまとめ図を参照するとよいでしょう。基本的な問題が大半ですから，**落とせない分野**だと心得てください。

**〈特に押さえるべき定義〉**

- 個人情報（個人情報保護法 2 条 1 項）
- 個人識別符号（同法 2 条 2 項）
- 要配慮個人情報（同法 2 条 3 項）
- 個人情報データベース等（同法 2 条 4 項）
- 個人情報取扱事業者（同法 2 条 5 項）
- 個人データ（同法 2 条 6 項）
- 保有個人データ（同法 2 条 7 項）
- 本人（同法 2 条 8 項）
- 匿名加工情報（同法 2 条 9 項）
- 匿名加工情報取扱事業者（同法 2 条10項）

たとえば，2018年度問題57では，個人情報保護法２条２項における「個人識別符号」の具体例が問われています。まずは**「定義」を正確に押さえることが第一歩**です。

**問題　個人情報保護法＊２条２項にいう「個人識別符号」であるものとして次のア～オのうち，妥当なものの組合せはどれか。**

ア　携帯電話番号
イ　個人番号（マイナンバー）
ウ　メールアドレス
エ　クレジットカード番号
オ　指紋データ

１・２　略　　３　イ・オ　　４・５　略

（注）＊　個人情報の保護に関する法律　　（2018年度問題57正解３）

定義をマスターしたら，**「個人情報取扱事業者が負う義務」（同法15条～）**に関して，次のポイントを押さえましょう。これらを明確にすると理解が深まるはずです。そのうえで，**「匿名加工情報取扱事業者等の義務」（同法36条～）**へ進みましょう。

**〈３つのポイント〉**

・「個人情報に関する義務」なのか？
・「個人データに関する義務」なのか？
・「保有個人データに関する義務」なのか？

また，「個人情報保護法」は大きな改正がありました（2020年６月５日成立・同年６月12日公布）。一部の規定を除いて，公布の日から起算して２年を超えない範囲内において，政令で定める日から施行されることとされています。

行政書士試験は，**改正点がよく狙われる**という特徴を持っていますから，もしご自身が受験される年度にこの改正点が関わってくるようならば，改正点は入念に学習しておきましょう。

**オススメサイト**

**『個人情報保護法ハンドブック』**（個人情報保護委員会）

https://www.ppc.go.jp/files/pdf/kojinjouhou_handbook.pdf

このサイトは，「個人情報保護法」の基本事項についてわかりやすく解説してくれています。さらに重要な部分は**「POINT」**としてまとめてくれていますので，通勤・通学時間でサクッとチェックできます。

# 70 行政情報関連三法は同時並行に学習する！

「行政情報関連三法」とは，「行政機関個人情報保護法」，「行政機関情報公開法」，「公文書管理法」の３つの法律のことをいいます。この三法は**相互に密接に関連していますから，同時並行的に学習すると効果的**でしょう。

行政機関個人情報保護法は，「条文」からの出題がメインで，基本的な知識を問われる傾向にあります。学習においては，**「個人情報保護法」と「行政機関個人情報保護法」の比較もしておく**ことをオススメします。

また「公文書管理法」は，メインの出題という傾向ではありませんが，余裕があれば押さえておくとよいでしょう。条文数も34しかありませんから，そこまでの負担ではないでしょう。

**〈押さえておきたい定義と重要ポイント〉**

- 「行政機関（行政機関個人情報保護法２条１項）」
- 「個人情報（同条２項）」
- 「個人識別符号（同条３項）」
- 「要配慮個人情報（同条４項）」
- 「保有個人情報（同条５項）」
- 「個人情報ファイル（同条６項）」
- 「本人（同条７項）」
- 「非識別加工情報（同条８項）」
- 「行政機関非識別加工情報（同条９項）」
- 「行政機関非識別加工情報ファイル（同条10項）」
- 「行政機関非識別加工情報取扱事業者（同条11項）」
- 「開示（同法12条～）」
- 「訂正（同法27条～）」
- 「利用停止（同法36条～）」

### ■「行政機関個人情報保護法」の出題例

**問題　行政機関の保有する個人情報の保護に関する法律に関する次の記述のうち，正しいものはどれか。**

1　略

2　行政機関の長は，開示することにより，公共の安全と秩序の維持に支障を及ぼすおそれがあると行政機関の長が認めることにつき相当の理由がある情報は，開示する必要はない。

3～5　略

（注）＊　行政機関の保有する情報の公開に関する法律

（2020年度問題56正解２）

### ■「行政機関情報公開法」と「行政機関個人情報保護法」を比較する出題例

**問題　情報公開法（行政機関の保有する情報の公開に関する法律）及び行政機関個人情報保護法（行政機関の保有する個人情報の保護に関する法律）に関する次のア～オの記述のうち，正しいものの組合せはどれか。**

| ア～オ　略 |
| --- |

1～5　略　（2011年度問題55）

### ■「個人情報保護法」と「行政機関個人情報保護法」を比較する出題例

**問題　個人情報保護法と行政機関個人情報保護法とを比較した次の記述のうち，妥当なものはどれか。**

1～5　略　（2008年度問題54）

### ■「行政機関情報公開法」と「公文書管理法」を比較する出題例

**問題　情報公開法＊1および公文書管理法＊2に関する次の記述のうち，誤っているものはどれか。**

1　略

2　公文書管理法は，情報公開法と同様，行政機関による行政文書の管理，歴史公文書等の保存，利用等を定めているが，独立行政法人等の文書管理は定めていない。

3～5　略

（注）＊1　行政機関の保有する情報の公開に関する法律

＊2　公文書等の管理に関する法律　（2015年度問題54正解２）

## オススメサイト

以下のサイトは無料ですし，内容も大変わかりやすいので，学習にも役立ちます。日々のスキマ時間でチェックできるような態勢を整えておきましょう。

**行政機関の個人情報保護制度がわかる！**

**『行政機関と独立行政法人等の個人情報保護（パンフレット）』**（総務省）

https://www.soumu.go.jp/main_content/000611098.pdf

**情報公開制度の流れがつかめる！**

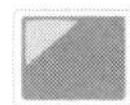

**『情報公開制度　教えてペンゾー先生』**（総務省）

https://www.soumu.go.jp/main_content/000476660.pdf

**公文書管理法の仕組みがビジュアルで一目瞭然！**

**『公文書等の管理に関する法律のポイント』**（内閣府）

https://www8.cao.go.jp/chosei/koubun/about/gaiyou/point.pdf

――このコーナーでは合格者の勉強法を講師の目線でご紹介します。

## L さん（2018年度合格）

前年度マークミスが原因で176点（1問差）不合格。失意のどん底から這い上がってリベンジ合格！

Lさんは，私がLEC講師だった頃から私の講座を受講されていて，アガルート講師になってからもライブイベントでお見かけしていました。ところが，ある時期を境にパッタリと姿を見かけなくなり心配していました。

再びお会いしたのは，2018年度の合格祝賀会。見事に合格を果たされたのです。お話を聞いてみると，前年（2017年度）の本試験でマークミスをしてしまい，1問差の176点で不合格。失意のどん底だったそうですが，「次を最後の受験」と決めて再始動されました。

合格した年は，まず徹底的に学習のスケジュール管理をしたそうです。講義・問題集をいつまでに終わらせるという一覧表を作成して，そのためには毎日どれくらいの学習をしなければならないかを逆算したのです。

また，徹底した繰り返しを行うことで知識の定着を図りました。間違えた問題には付せんを貼り，必ず数日以内に解き直し，さらに1ヵ月に1回は付せん部分をすべて解き直したそうです。そうすることで苦手分野に何度も目を通せることになり，知識が定着していったのです。

そして，私が講義で指摘した，記述で出題されそうな部分は，無印良品の小さなノートにまとめて通勤電車の中で学習できるようにしていました。

「前年は本当に悔しくて悔しくて仕方がなかったけれど，この1年頑張って本当によかった」と語っていたLさん。失意のどん底からの見事な合格。あっぱれです！

### Lさんが合格した理由

- 失意のどん底から這い上がった強い精神力
- 本試験・直前期を意識した見事な逆算スケジューリングの緻密さ
- 苦手な問題を何度も繰り返すことで知識の精度を上げたこと

# Chapter 9
# 「文章理解」の攻略法

**問題の形式**： 5肢択一3問
**目標正答数**： **2問**以上

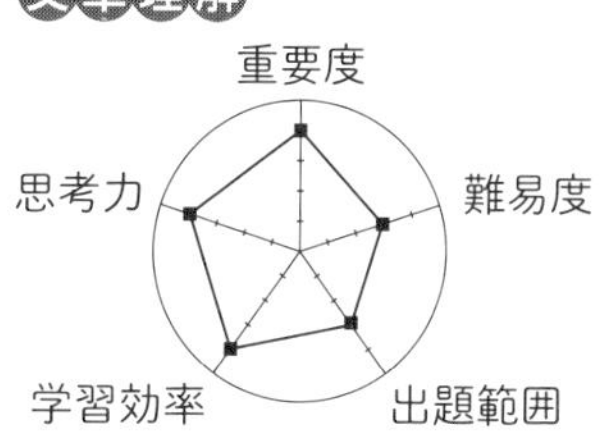

# 71 「文章理解」はスタート時点で実力の個人差がある！

文章理解は，学習をスタートした段階で，**個人の実力差が顕著な科目**です。さらに，実力の向上には，それなりに時間がかかる科目です。

これまでに，大学受験や他の資格試験などで「文章理解」について，本格的な学習をしたことがない人は**とにかく早めに着手**しましょう。

「文章理解」の出題は，大きく３つのタイプに分けられます。

| 出題形式 | 内容 |
|---|---|
| ①要旨・内容把握型 | ある程度長めの評論文を読み，その内容を把握して問いに答える形式。提示された評論文の中で筆者が述べていることと合致するもの（もしくは，合致しないもの）を選択する。 |
| ②並べ替え型（文章整序型） | 一定の長さの文章が冒頭に提示されて，その後に続く文章を適切に並び替えるという形式。 |
| ③空欄補充型 | 一定の長さの評論文が提示されて，その文章の途中にある空欄に適切な語句を入れる形式。空欄は，複数のこともあれば１つのこともある。現在の行政書士試験で最頻出の出題形式。 |

以上の①②③の出題形式で，最も**国語力**（国語のセンス）が要求されるのは①要旨・内容把握型です。逆に，**解法テクニック**を駆使すれば正解を導きやすいのが②並べ替え型と③空欄補充型です。特に③空欄補充型は解法テクニックを知っていると格段に正解率が上がります。

実は，行政書士試験の「文章理解」では，2011年を最後に①要旨・内容把握型の出題は姿を消しました。

近年は，②並べ替え型と③空欄補充型からの出題が定着しています。前述のように②並べ替え型と③空欄補充型の問題は，比較的解法テクニックが使えますから，「国語が苦手」，「現代文を読むのが好きではない」という方にとっても取り組みやすいと思います。

とはいえ，「文章理解」の本格的な学習をしたことがない方や，苦手意識がある方はなるべく早めに学習を始めるべきです。

## 要旨・内容把握型　出題ほぼなし

2012年度からは出題されなくなりましたので，参考程度に過去の出題を見ておく程度にとどめます。

**問題　次のア～オの記述のうち，本文の文章の趣旨に合っていないものの組み合わせはどれか。**

著作権の関係により文章省略
（問題を各自でご用意ください。）

ア「物分類」は現在では漢字表記と結びつき，そのものの特殊性を示すことで，働き分類の意識の希薄化につながっている。
イ「働き」の「ハナ」は本体から離れて外へ出ている状態を認識した語ということで，花，鼻という個々の共通性を説明できる。
ウ「働き」によって，「カゲ」を考えたとき，「火影」，「日影」から，影形のような表現も成立し，光のもとである「月影」や「陰」も成立する。
エ「物分類」は「ニオイ」のように日本人の感受性における見方の共通性を理解する方法である。
オ「働き」の持つ基本的な特徴は，日本人が漢字を使用することを可能にしたことであり，「物分類」の基礎となっている。

1～5　略　　　　（2011年度問題59）

# 72 並び替え型を攻略する！

並び替え型は，一定の長さの文章が示されたうえで，その文章に続く文章を適切に並べ替えるという問題です。

このタイプの問題で使える主な解法テクニックは，以下のとおりです。

1　提示された文章は重要なヒント
2　選択肢は重要なヒント
3　キーワードのリンクに注目
4　指示語が指し示すものを的確に捉える

**問題　本文中の空欄［　　］に入る文章を，あとのア～オを並べ替えて作る場合，その順序として妥当なものはどれか。**

著作権の関係により文章省略
（問題を各自でご用意ください。）

ア　それを食べる魚がいて，またさらに大きな魚もくる。
イ　岩礁には穴がたくさんあって，そこを隠れ家とする小魚がいっぱいいる。
ウ　しかし，そこは，海のうえからみてもなにもわからない。
エ　たとえば，バでいちばんおおいのは，岩礁である。
オ　たとえわかっても，海のうえにしるしをつけることができない。

1　イ→ア→エ→ウ→オ
2　イ→ウ→オ→エ→ア
3　エ→イ→ア→ウ→オ
4　エ→ウ→イ→ア→オ
5　エ→オ→ウ→イ→ア

（2017年度問題60）

実際に過去問を使いながら説明しましょう。2017年度問題60です。

上田篤さんの『日本の都市は海から作られた』が原典です。原典がダイレクトにヒントになることは稀ですが，何について書かれている文章なのか当たりはつきますね。海が関係しそうです。

解法テクニックとして，並べ替えるべき箇所の前後にはヒントが多いですから，特に入念に読んでください。ここでは著作権の関係により文章を省略していますが過去問を見ると，どうやら「漁師」や「漁場」についての文章の後の文章を並び替えるようです **〔解法テクニック1〕**。

次に選択肢を見ると，冒頭に来るのは肢イか肢エであることがわかりますね **〔解法テクニック2〕**。肢イは「岩礁」の話が出てきますが，ここまでで「岩礁」の話題は出てきていませんから唐突すぎます。そこで，肢エを見ると「バ」というキーワードが登場します。まさに直前の文章で登場したものです。しかも，この肢エの中に「岩礁」が初登場します **〔解法テクニック3〕**。そして，「岩礁」というキーワードは肢イ・肢エにしか登場しませんから，肢エ→肢イという流れが決定します。

次に，肢ウ・肢オを見ると「わからない」「たとえわかっても」という流れが出てきます。いわば「わかる」というキーワードのリンクです **〔解法テクニック3〕**。日本語の流れからすると，当然ながら肢ウ→肢オになりますね。

最後に，肢アですが，これは「それ」という指示語が入っています。魚が「それ」を食べて，「またさらに大きな魚がくる」と続きます。では，魚が食べるのは何か？　「それ」は何を指すのか？　もうわかりますよね。「それ」とは，肢イの「小魚」のことです **〔解法テクニック4〕**。これで，肢イ→肢アの流れが完成します。以上より，正解は選択肢3となります。

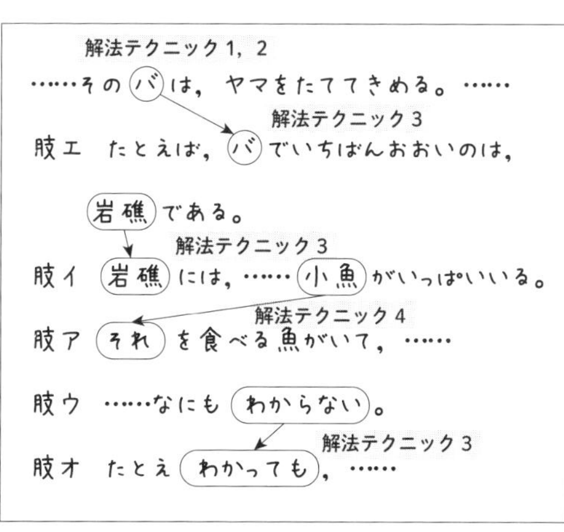

# 73 空欄補充型を攻略する！

空欄補充型は一定の長さで評論文が引用され，その文中にある空欄に適切な語句を入れる問題です。空欄は，複数のこともあれば1つのこともあります。

**■空欄が複数の出題例**

**問題　次の記述において，文中の空欄［ア］～［エ］に当てはまる語句等の組合せとして，正しいものはどれか。** (2009年度問題58)

**■空欄が１つの出題例**

**問題　次の「話し手の意識」について分析した本文があるが，空欄に入る文として適当なものは，１～５のうちどれか。** (2014年度問題59)

このような空欄補充型問題は，**空欄の前後にヒントがある**ことが非常に多く，前後の文脈をうまくつかめれば，正解にたどり着ける可能性が極めて高いです。また，この空欄補充型問題のテクニックは，多肢選択式問題でも重宝します。多肢選択式問題も空欄補充型の出題形式なので，テクニックが重複するのです。

**問題　本文中の空欄［Ⅰ］～［Ⅳ］には，それぞれあとのア～エのいずれかの文が入る。その組合せとして妥当なものはどれか。**

著作権の関係により文章省略
(問題を各自でご用意ください。)

ア　しかし，「おすがり」からは何も生まれない

イ　しかし誰かが指し示す潮流にただ流されて進んでいくことからは，もはや私たちの生き方は生まれえないのである

ウ　しかし，私たちの多くはこれまでのように「誰かが私たちの心を満足させてくれる方法を教えてくれるだろう」とか「心の時代の上手な生き方を記してくれるだろう」と思ってしまっている

エ　しかし，いまやその「与えられる」意味を生きても私たちに幸せは訪れな

い

1～3　略　　4　Ⅰエ　Ⅱイ　Ⅲウ　Ⅳア　　5　略　　(2017年度問題58)

「空欄補充型」問題を解く際に最も大事なテクニックは**「空欄の前後に着眼すること」**です。空欄の前後はヒントにあふれています。その前後で，どのように文がつながっているかを入念にチェックするようにしましょう。

以下，その他の解法テクニックも一部紹介します。

### 着眼ポイント①　同じ方向の意味合いの言葉が入る場合

> 東日本においては，そのしきたりが非常に重要視されていた。同じく，西日本においても，そのしきたりは［　ア　］であった。

この文例では，東日本と西日本の関係性が，「同じく…も」で結ばれているので，同じ方向であることがわかるはずです。とすると，［　ア　］には，重要なものと考えられていたという意味合いの言葉が入るでしょう。

### 着眼ポイント②　反対方向の意味合いの言葉が入る場合

> A地方は天候もよく肥沃な土地に恵まれていたおかげで農作物の収穫も順調であった。これに対して，B地方は曇天続きの天候なうえに［　イ　］土地が多かったせいで……

この文例は，「これに対して」がポイントです。「これに対して」の前後は反対の意味合いになるのでしょうから，［　イ　］には「肥沃な」の対義語である「不毛な」が入るとわかります。この他に，「翻って」や「その反面」なども，同じような使われ方をします。

### 着眼ポイント③　言い換えの場合

> このような「演繹的思考」，すなわち，［　ウ　］という思考は……

この文例では「すなわち」がポイントです。前の部分を言い換えているわけですから，［ウ］には「演繹的」を言い換えた内容が入ります。なお，通常は言い換えた後の部分のほうが，具体的でよりわかりやすい場合が多いです。同じようなものに，「換言すると」などがあります。

**着眼ポイント④　キーワードがリンクする場合／言い換えた場合**

社会の側が私たちの「生きる意味」を与えてくれていた。［Ⅰ］。

この文例の［空欄Ⅰ］には，選択肢エ「しかし，いまやその『与えられる意味』を生きても私たちに幸せは訪れない」が入ります。「生きる意味」と「与えられる意味」がキーワードになってリンクしているわけですね。

自信のない私たちはそうした教えに頼ってしまいそうになる。［Ⅳ］。

この［空欄Ⅳ］には，選択肢ア「しかし，『おすがり』からは何も生まれない」が入ります。これは，キーワードがそのままリンクしているわけではありませんが，「教えに頼ってしまいそうになる」を言い換えた「おすがり」が入るのです。

「文章理解（空欄補充型）」の解法テクニックを身につけておくと，**「多肢選択式」の得点も安定**します。なにしろ「多肢選択式」は「空欄補充型」の問題そのものなのです。しかも，皆さんが学習済みの判例が素材になっている場合が多く，（おそらく）初見の文章を読む「文章理解（空欄補充型）」と比べると，はるかに取り組みやすいはずです。20個の語群も与えられていますしね。

「多肢選択式」の得点の安定のためにも，「文章理解（空欄補充型）」の解法テクニックはしっかりと習得しましょう。

# 74 6月までに解法テクニックを習得しよう！

大学受験などで「現代文」を学習し，受験テクニックをすでに知っている人であれば，「文章理解」はおそらくアレルギー反応なく取り組めるはずです。それほど苦労せずに点数が取れるでしょう。そういった受験生は，インプット学習に時間をかけず，最初から過去問を検討する程度でかまいません。

では，はじめてこのような解法テクニックを学ぶ場合はどうすればよいでしょうか。文章理解の得点力をアップするためには，「読書量を増やそう」とか，「新聞の社説を要約しよう」といわれることもあります。

もちろん，これらが役に立たないことはありません。しかし，行政書士試験の受験生は，まず何よりも「行政法」と「民法」を習得しなければなりません。働きながら限られた学習時間の中で，読書や要約をしている時間はありません。

大切なことは，**「本試験で点が取れる」こと**です。そこで，まずは**評論文を読む際に気をつけるべきルールを手っ取り早く学んでしまいましょう**。

資格スクール生で「文章理解」対策講義を受けていてもなお「文章理解」の苦手意識が払拭できない方や，独学の方であれば，『公務員試験 文章理解 すぐ解ける直感ルールブック』（実務教育出版）や『公務員試験 無敵の文章理解メソッド』（実務教育出版）を使って，解法テクニックを学びましょう。もちろ

**オススメ書籍**

**『公務員試験　文章理解**
**すぐ解ける直感ルールブック〔改訂版〕』**
（瀧口雅仁著，実務教育出版）

**『公務員試験**
**無敵の文章理解メソッド』**
（鈴木鋭智著，実務教育出版）

ん２冊購入する必要はありませんから，書店で実際に手に取って自分にフィットするほうを選びましょう。

ここでは『公務員試験 文章理解 すぐ解ける直感ルールブック』について，行政書士試験の受験生がどのように取り組めばよいのかを少し述べておきます。もちろん行政書士試験と公務員試験の出題傾向が，完全に一致しているというわけではありませんが，この本で，行政書士試験でも出題されてきた①内容把握・要旨把握，②並べ替え（文章整序），③空欄補充という分野について体系的に学ぶことができます。

この本はまず冒頭で**「【現代文】の直感ルール集」**として，上記**①②③の解法テクニック**が示されています。前述したように，現在の行政書士試験の出題の中心は②並べ替え（文章整序）と③空欄補充ですから，時間がない方はその部分（「文章整序」の直感ルール・「空欄補充」の直感ルール）をしっかりと読んでいきましょう。

次に，PART３「現代文【文章整序】」・PART４「現代文【空欄補充】」の問題を検討していきましょう。問題の解説部分で，どの解法テクニックをどのように使えばよいのかが書いてあるので，腰を据えて学びましょう。

最初のうちは，多少時間がかかってもよいですから，正誤にとらわれず，自分が的確にルール（テクニック）を使いこなせているかを確認してください。

目安として，受験する年の６月くらいまではじっくりとテクニックの習得にあて，**７月から行政書士試験の過去問にチャレンジする**とよいでしょう。過去問演習では，時間をキッチリ計って正誤にもこだわってください。最初は１問につき20分くらいかかってもかまいません。慣れてきたら，**１問５分以内**で解けるようにしましょう。

このように，「文章理解」に取り組む際には，ある程度**文章を読む際の「作法」を知っておく必要がある**のです。しかも，暗記科目ではありませんから，一朝一夕に仕上がるものではありません。

特に「文章理解」に苦手意識がある人は，「なーんだ！　最近の行政書士試験は解法テクニックが役立つ②並べ替え型と③空欄補充型しか出題されないのか。だったら，適当に解法テクニックを直前に詰め込めばいいや。」などと思ってはいけません。**できるだけ早い段階から対策しましょう！**

# Chapter10
# 「多肢選択式」の攻略法

**出題科目**：憲法１問・行政法２問
**目標得点**：**20点**（３問で空欄計12個のうち10個）

# 75 「多肢選択式」問題とは何か？

多肢選択式の問題は，**「憲法」**と**「行政法」**で出題されます。たまに難問もありますが，**多くの合格者が得点源にしている部分**です。どのような出題がされるかをしっかり把握して，取りこぼしのないように学習していきましょう。

多肢選択式とは，いくつかの空欄に，当てはまる語句を語群から選ぶという問題です。20の語句からなる語群が与えられているので，それほど難しくはありません。

出題としては，**①著名な最高裁判所の判決文からの出題**，**②テキスト記載の基本事項からの出題**というのがほとんどです。

## ■著名な最高裁判所判決からの出題

**問題　次の文章は，NHK が原告として受信料の支払等を求めた事件の最高裁判所判決の一節である。空欄ア～エに当てはまる語句を，枠内の選択肢（1～20）から選びなさい。**

放送は，憲法21条が規定する表現の自由の保障の下で，国民の知る権利を実質的に充足し，健全な民主主義の発達に寄与するものとして，国民に広く普及されるべきものである。放送法が，「放送が国民に最大限に普及されて，その効用をもたらすことを保障すること」，「放送の不偏不党，真実及び［　ア　］を保障することによって，放送による表現の自由を確保すること」及び「放送に携わる者の職責を明らかにすることによって，放送が健全な民主主義の発達に資するようにすること」という原則に従って，放送を公共の福祉に適合するように規律し，その健全な発達を図ることを目的として（1条）制定されたのは，上記のような放送の意義を反映したものにほかならない。

上記の目的を実現するため，放送法は，…旧法下において社団法人日本放送協会のみが行っていた放送事業について，公共放送事業者と民間放送事業者とが，各々その長所を発揮するとともに，互いに他を啓もうし，各々その欠点を補い，放送により国民が十分福祉を享受することができるように図るべく，［　イ　］を採ることとしたものである。そして，同法は，［　イ　］の一方を担う公共放送事業者として原告を設立することとし，その目的，業務，運営体制等を前記のように定め，原告を，民主的かつ［ウ］的な基盤に基づきつつ［ア］的に運営される事業体として性格付け，これに公共の福祉のための放送を行わせることとしたものである。

放送法が，…原告につき，［エ］を目的として業務を行うこと及び他人の営業に関する広告の放送をすることを禁止し…，事業運営の財源を受信設備設置者から支払われる受信料によって賄うこととしているのは，原告が公共的性格を有することをその財源の面から特徴付けるものである。

（最大判平成29年12月６日民集71巻10号1817頁）

1～8　略　　9　自律　　10　二本立て体制　　11　多元　　12～19　略
20　営利　　（2019年度問題41正解ア９　イ10　ウ11　エ20）

## ■テキスト記載の基本事項からの出題

**問題　次の文章の空欄ア～エに当てはまる語句を，枠内の選択肢（１～20）から選びなさい。**

行政機関は，多くの場合，自らその活動のための基準を設定する。この種の設定行為および設定された基準は，通例，［ア］と呼ばれる。この［ア］には，行政法学上で［イ］と［ウ］と呼ばれる２種類の規範が含まれる。前者が法的拘束力を持つのに対し後者はこれを持たないものとして区別されている。［エ］は，行政機関が意思決定や事実を公に知らせる形式であるが，［ア］の一種として用いられることがある。この場合，それが［イ］に当たるのかそれとも［ウ］に当たるのかがしばしば問題とされてきた。例えば，文部科学大臣の［エ］である学習指導要領を［イ］だと解する見解によれば，学習指導要領には法的拘束力が認められるのに対し，学習指導要領は単なる指導助言文書だと解する見解によれば，そのような法的拘束力は認められないことになる。また，［エ］のうち，政策的な目標や指針と解される定めは，［ウ］と位置付けられることになろう。以上のように，［エ］の法的性質については一律に確定することができず，個別に判断する必要がある。

1・2　略　　3　行政規則　　4・5　略　　6　行政立法　　7・8　略
9　法規命令　　10～12　略　　13　告示　　14～20　略

（2017年度問題42正解ア６　イ９　ウ３　エ13）

# 76 必要な知識は「5肢択一式」と同じ！

〈多肢選択式における過去10年の出題内容〉

| | 憲法 | 行政法 | |
|---|---|---|---|
| 2011 | 最判昭59.12.18における伊藤正己裁判官の補足意見（パブリック・フォーラムの理論） | 最判昭48. 4 .26 | 抗告訴訟の基本知識 |
| 2012 | 旭川学テ事件最高裁判決（最大判昭51. 5 .21） | 最判平24. 2 .9 | 「行政機関」の概念 |
| 2013 | 防衛庁立川宿舎ビラ配布事件（最判平20. 4 .11） | 行政上の義務違反 | 東京地判平22. 3 .30 |
| 2014 | 砂川事件最高裁判決（最大判昭34.12.16） | 行政事件訴訟法の制度 | 地方公務員法・国家公務員法・地方自治法の目的規定（1条）の比較 |
| 2015 | 船橋市図書館図書廃棄事件最高裁判決（最判平17. 7 .14） | 行政手続法36条の2 | 品川マンション事件（最判昭60. 7 .16） |
| 2016 | 税関検査事件（最大判昭59.12.12） | 成田新法事件（最判平4. 7 .1） | 最判昭42. 4 .7 |
| 2017 | 北方ジャーナル事件（最大判昭61. 6 .11） | 行政立法 | 最判平22. 6 .3 |
| 2018 | 目黒事件（最判平24.12.7） | 行政事件訴訟法10条 | 宜野座村における工場誘致政策の変更（最判昭56. 1 .27） |
| 2019 | NHK受信料訴訟（最大判平29.12.6） | 訴えの利益（最判平27. 3 .3） | 行政事件訴訟の訴訟類型 |
| 2020 | 三井美唄炭鉱事件（最大判昭43.12.4） | 行政指導 | 最判平31. 2 .14 |

多肢選択式は，憲法も行政法も，5肢択一式と同じ範囲で，テキストや判例集などでお目にかかるような**基本的な内容から出題**されます。

いうまでもなく，**5肢択一式をマスターするために学習している内容が，そのまま多肢選択式で使える知識になります。**

# 77 多肢選択式で１点でも多く取るための２つの心得

多肢選択式を解くにあたっての心得を２つご紹介します。これから過去問・模試を解いていくうえでの参考にしてください。

もちろんこの２つにとどまらず，皆さんで独自の心得を追加してかまいません。

**問題　次の文章は，ある最高裁判所判決の一節（一部を省略）である。空欄［ア］～［エ］に当てはまる語句を，枠内の選択肢（１～20）から選びなさい。**

確かに，［ア］は，民主主義社会において特に重要な権利として尊重されなければならず，被告人らによるその政治的意見を記載したビラの配布は［ア］の行使ということができる。しかしながら，…憲法21条１項も，［ア］を絶対無制限に保障したものではなく，公共の福祉のため必要かつ合理的な制限を是認するものであって，たとえ思想を外部に発表するための手段であっても，その手段が他人の権利を不当に害するようなものは許されないというべきである。本件では，［イ］を処罰することの憲法適合性が問われているのではなく，［ウ］すなわちビラの配布のために「人の看守する邸宅」に［エ］権者の承諾なく立ち入ったことを処罰することの憲法適合性が問われているところ，本件で被告人らが立ち入った場所は，防衛庁の職員及びその家族が私的生活を営む場所である集合住宅の共用部分及びその敷地であり，自衛隊・防衛庁当局がそのような場所として［エ］していたもので，一般に人が自由に出入りすることのできる場所ではない。たとえ［ア］の行使のためとはいっても，このような場所に［エ］権者の意思に反して立ち入ることは，［エ］権者の［エ］権を侵害するのみならず，そこで私的生活を営む者の私生活の平穏を侵害するものといわざるを得ない。

（最二小判平成20年４月11日刑集62巻５号1217頁）

１～６　略　　７　管理　　８・９　略　　10　表現の自由　　11～16　略
17　表現の手段　　18・19　略　　20　表現そのもの

（2013年度問題41正解ア10 イ20 ウ17 エ７）

### 心得１　序盤であきらめない！

この問題の題材となった判例は，『防衛庁立川宿舎ビラ配布事件（最判平20.4.11)』です。非常に有名な判例ですよね。

まず冒頭の［ア］ですが，いきなりノーヒントで入れるのは厳しいでしょう。そのような場合は，読み進めていきます。すると２番目の［ア］で正解がわかります。「政治的意見を記載したビラの配布」が，［ア］の行使というのですから，［ア］に入るのは「表現の自由」であることが明らかです。

このように，**最初の空欄がわからなくても，後の文章でリベンジのチャンスがありえます**から粘り強くあきらめないことが大切です。たとえば，本問なら［ア］は合計４回登場するわけですから，どこかで正解がわかればよいのです。

ちなみに，３つ目の［ア］で「憲法21条１項」という根拠条文が出てきますから，やはり［ア］は「表現の自由」で間違いないわけです。

［イ］は［ウ］とセットで考えるとわかりやすいでしょう。文章の流れからすると，本質的な［イ］ではなく，ビラ配布のために承諾なく人の看守する邸宅に立ち入ったこと（［ウ］）を処罰することが憲法上許されるか？　という文章とわかります。しかも，本問は「表現の自由」に関する判例なわけです。だとすると，表現をするための手段として人の看守する邸宅に立ち入ったことに対する処罰の話だとわかります。

したがって，［イ］に「表現そのもの」，［ウ］に「表現の手段」が入るとわかります。

［エ］は２番目が入れやすいかもしれません。「自衛隊・防衛庁当局がそのような場所として」本件集合住宅及びその敷地を［エ］しているというのですから，「管理」が一番しっくりくるでしょう。

このように**多肢選択式は，文章の中盤や終盤にチャンスが巡ってくる**ことがあります。

もちろん，必要以上に時間をかけすぎて，全体的な時間配分のバランスが悪くならないようにする注意は必要ですが，わからなくても序盤であきらめずに粘ることが大切です。

**問題　次の文章の空欄［ア］～［エ］に当てはまる語句を，枠内の選択肢（1～20）から選びなさい。**

地方公務員法の目的は，「地方公共団体の人事機関並びに……人事行政に関する［ア］を確立することにより，地方公共団体の行政の［イ］的かつ［ウ］的な運営並びに特定地方独立行政法人の事務及び事業の確実な実施を保障し，もつて［エ］の実現に資すること」（同法１条）にあると定められている。まず，これを，国家公務員法の目的規定（同法１条１項）と比べてみると，［ア］，［イ］，［ウ］という文言は共通であるが，［エ］は含まれていない。［ア］という文言は，法律による規律は大枠にとどめ，地方公務員制度の場合には地方公共団体の，国家公務員制度の場合には独立行政委員会たる人事院の判断を尊重する趣旨である。次に，地方公務員法の目的規定を，国家行政組織法の目的規定（同法１条）と比べてみると，「［ウ］」という文言だけが共通に用いられている。この文言は，国民・住民の税負担に配慮した行政組織運営を心がけるべきことを言い表していると考えられる。なお，［イ］的行政運営と［ウ］的行政運営とはしばしば相対立するが，行政組織が国民主権・住民自治を基盤とすることに鑑みれば，［イ］的な運営が優先されるべきであろう。さらに，地方公務員法の目的規定を，地方自治法の目的規定（同法１条）と比べてみると，［イ］，［ウ］，［エ］という文言が共通に用いられている。すなわち同法は，「［エ］に基づいて，……［イ］的にして［ウ］的な行政の確保を図るとともに，地方公共団体の健全な発達を保障すること」をその目的として掲げているのである。［エ］は，これらの立脚点であるとともに，実現すべき目標であるということになる。

| | | | | | | | |
|---|---|---|---|---|---|---|---|
| 1 | 処分基準 | 2 | 基本的人権 | 3 | 一般 | 4 | 成績主義 |
| 5 | 根本基準 | 6 | 安定 | 7 | 系統 | 8 | 能率 |
| 9 | 健全な財政運営 | 10 | 総合 | 11 | 自主 | 12 | 職階制 |
| 13 | 一体 | 14 | 地方自治の本旨 | 15 | 地域 | 16 | 審査基準 |
| 17 | 科学的人事管理 | 18 | 民主 | 19 | 職域自治 | 20 | 権限配分原則 |

（2014年度問題43正解ア５　イ18　ウ８　エ14）

### 心得２　「空欄補充型」のテクニックも駆使する！

多肢選択式は，空欄を埋める問題なので，**文章理解の空欄補充問題のテクニックも使えます**。この問題は，「地方公務員法なんて手薄だったよー！」と，当時，多くの受験生が慌てていました。

しかし，必ず突破口はあるはずです。先ほども述べたように，粘ってみましょう。すると，大きなヒントに気づくはずです。「これを，国家公務員法の目的規定（同法1条1項）と比べてみると，［ア］，［イ］，［ウ］という文言は共通であるが，［エ］は含まれていない。」とあります。つまり，［エ］というのは，国家公務員法にはなく地方公務員法に特有の語句だとわかります。

つまり，何か「地方的なもの」が入ることがわかります。そこで語群を見ると，「14　地方自治の本旨」，「15　地域」があります。しかし，「もって地域の実現」では文意が成り立たないため，［エ］には「地方自治の本旨」が入ることがわかります。

さらに，「［ア］という文言は，…（略）…する趣旨である。」とあり，［ア］の直後で内容を説明してくれています。［ア］は，「国家公務員法による規律は大枠にとどめる（細かい部分ではなく本当にコアな部分だけを決める）」というような内容が入ればよいわけです。とすると，「根本基準」が入るとわかるでしょう。

このように，多肢選択式は，**空欄の前後に大きなヒント**があります。まさに，文章理解における空欄補充のテクニックが使えるのです。しかも，多肢選択式の場合は，20個の語群があるので，文章理解よりも楽でしょう。

# 合格者の勉強法

――このコーナーでは合格者の勉強法を講師の目線でご紹介します。

## Mさん（2017年度合格）

**年齢に合わせたオリジナル学習法で挫折することなく学習を継続。**

会社員としてのゴールが見えてきた50代半ば，第二の人生を考え始めたMさん。社会に貢献でき，個人で独立できる仕事がしたいという思いから，行政書士と社労士のダブルライセンス取得を目指されました。社労士試験に無事合格し，満を持して行政書士試験にも挑戦したというわけです。

Mさんの学習法で特筆すべきは，①楽しく学ぶことを追求したこと，②年齢に合わせたオリジナル学習法を構築したことの２点です。

長丁場の受験勉強。楽しくなければ続かないし，途中で挫折するのは本末転倒という思いから，無理をせず楽しむことを心がけたそうです。

また，60歳を前にしての挑戦だったMさん。若い時と同じようには学習できないと考え，まず早起きをして朝に学習することにしたそうです。仕事終わりの夜だと，どうしても体力的にきついからという理由でした。

インプット学習の方法も独特です。私の講義では，テキストの重要部分に赤ペンやマーカーペンでラインを引きながら進めるのですが，Mさんはテキストを読むのは疲れるので，講師と同じように線を引くことはしませんでした。講義を聴くことに集中し，１回目は通常スピードで，２回目は1.4～1.6倍速，３回目は1.8～2.0倍速で視聴したそうです。

また，自分で解くと脳が疲れて多くの問題を解けないことから，問題文だけ読んで，解説講義を視聴していました。このように自分の年齢や体力を考慮して，オリジナリティあふれる学習法を構築されたことにとても感心しました。そして，それを継続することで見事に合格を果たされたのです。

### Mさんが合格した理由

- 行政書士・社労士のダブルライセンスで開業という明確な目標
- とにかく勉強を楽しもうという意識を徹底して継続したこと
- 年齢的な衰えを受け入れたうえで，最適な学習方法を構築したこと

## Nさん・Oさん（2019年度合格）

### 5月スタートでも，スケジューリングの緻密さと猛烈な勉強量で一気呵成に合格！

5月半ばの学習スタートだったNさんとOさん。行政書士試験では，前年の秋頃から年明け2月頃には学習を始めるのが一般的です。それより遅い場合，速習クラスを受講する方が多く，お二人もそうでした。

まず，Nさんは5月にスタートしたにもかかわらず，6月の終わりには速習クラスの全講義を視聴し終え，過去問演習を徹底されていました。Nさんが使用していた過去問集を見せてもらうと，10個ほどのチェックマークがありました。「これは解いた回数ですか？」と聞くと，「いえ，完璧に解けた回数です」との返答。つまり，実際に解いた回数はそれよりはるかに多いのですね。受講スピード，過去問演習量ともに，ものすごい努力です。

Oさんはスケジュール管理を徹底していました。実際にスケジュール表を見せてもらったところ，本試験の日から逆算して，いつまでに何を仕上げるべきか（長期目標），そのためにはどの程度の学習が必要か（中期目標・短期目標）について，詳細なスケジュールを立てていました。そして，それをしっかりと実行したのです。

また，受験勉強を始めた5月から本試験まで，生活の中心を受験勉強に置き，仕事中でもスキマ時間には常に勉強をしているような感じだったとか。「勉強のし過ぎで，夢の中でも勉強していました」とおっしゃっていたほど，すべてを懸けて駆け抜けられたわけです。

#### Nさん・Oさんが合格した理由

- 学習スタート時から気合が入りまくっていたこと
- 本試験・直前期から逆算したスケジュールを立てていたこと
- とにかく誰にも負けないくらい勉強したこと

# Chapter11

# 「記述式」の攻略法

**記述式出題数**：行政法１問・民法２問
**目標得点**：**30〜40点**（満点60点）

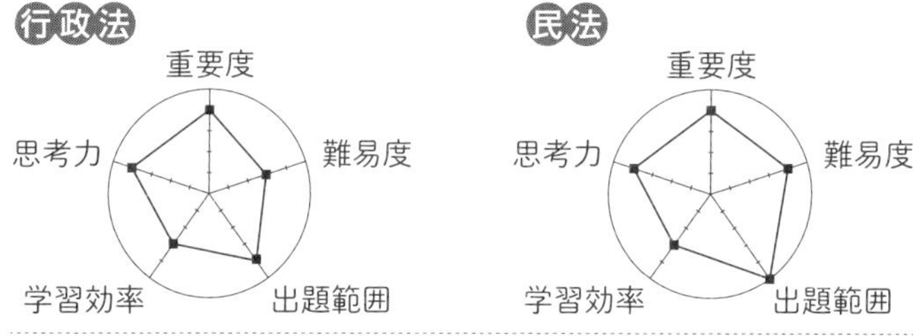

# 78 記述式は怖くない！

記述式問題は2006年度から導入された形式で，ある事案や法律問題に関して**「40字程度」**で記述する問題です。行政法から１問，民法から２問出題されます。**配点は１問20点，合計60点**と大きなものです。

具体的にどのような問題なのかを，行政法と民法それぞれにおいて出題タイプ別に次のページから紹介します。問題を通して，出題傾向や答案作成法を確認し，さらには試験における答案評価法についても見ていきましょう。

また，出題範囲は，**５肢択一式で学習する範囲から**と考えておけばよいでしょう。つまり，５肢択一式の出題範囲 ＞ 記述式の出題範囲，ということです。なので，**５肢択一式に解答できるくらいの知識を身につけることに注力することが第一**です。ですから，学習の初期段階は，５肢択一式の知識習得に努めるのが効果的です。記述式で問われる**５肢択一式の最低限の前提知識がないと，記述式の学習効果が半減するから**です。

そのうえで，５～６月頃から記述式対策を始めましょう。資格スクールに通っている方であれば，記述式対策講座等で記述式のノウハウを学べばよいと思います。独学で学習されている方であれば，以下の書籍の中から自分に合いそうなものを１冊購入して，週に５問程度解いていけばよいでしょう。

**オススメ書籍**

**『大原メソッド！ 行政書士　40字記述が ラクラク書ける本』**
（資格の大原，中央経済社）

**『出る順　行政書士 40字記述式・多肢選択式 問題集』**
（LEC東京リーガルマインド）

**『合格革命　行政書士 40字記述式・多肢選択式 問題集』**
（早稲田経営出版）

# 79 記述式「行政法」の出題タイプは４つ

出題形式ごとに検討してみると，「行政法」では４つのタイプに分けることができます。「書く」ということをしなければなりませんが，問題の難易度としては，そこまで高くはありません。

以下，タイプごとに問題を掲載しています。ここでは解答を示していませんが，**過去問の傾向からどのような対策をすればよいか**を考えましょう。

## タイプ１　「名称」とその周辺知識を問う 

名称を解答させてその内容を説明させるという問題です。出題例として以下で挙げているように，2015年度問題44では「原処分主義」の名称を解答させたうえで，その内容を問うています。2016年度問題44では「秩序罰」の名称を解答させたうえで，それが科される手続を問うています。**問題文を読んで，問われているものの名称が思い浮かばないと高得点にはつながりません**。

対策としては，通常の学習時に「定義」と，その「具体例」を意識して覚えていくことが効果的です。法律の学習では，**なるべく具体例を踏まえて理解すること**を心がけましょう。

**問題**　Ｘは，Ｙ県内で開発行為を行うことを計画し，Ｙ県知事に都市計画法に基づく開発許可を申請した。しかし，知事は，この開発行為によりがけ崩れの危険があるなど，同法所定の許可要件を充たさないとして，申請を拒否する処分をした。これを不服としたＸは，Ｙ県開発審査会に審査請求をしたが，同審査会も拒否処分を妥当として審査請求を棄却する裁決をした。このため，Ｘは，申請拒否処分と棄却裁決の両方につき取消訴訟を提起した。このうち，裁決取消訴訟の被告はどこか。また，こうした裁決取消訴訟においては，一般に，どのような主張が許され，こうした原則を何と呼ぶか。40字程度で記述しなさい。

（2015年度問題44）

問題　A市は，A市路上喫煙禁止条例を制定し，同市の指定した路上喫煙禁止区域内の路上で喫煙した者について，2万円以下の過料を科す旨を定めている。Xは，路上喫煙禁止区域内の路上で喫煙し，同市が採用した路上喫煙指導員により発見された。この場合，Xに対する過料を科すための手続は，いかなる法律に定められており，また，同法によれば，この過料は，いかなる機関により科されるか。さらに，行政法学において，このような過料による制裁を何と呼んでいるか。40字程度で記述しなさい。（2016年度問題44）

## タイプ2　裁判所が下す判決を問う

特定の事案において訴訟を提起した場合（これまでの出題では「処分取消訴訟」を提起した場合）に，裁判所がいかなる判決を下すかということを問うものです。特に「要件審理」段階での判決を問うてきます。以下の例で挙げる問題は，ともに訴訟要件を欠くので「（訴え）却下判決」が下されるというものです。

対策としては，「行政事件訴訟法」の学習の際に，どのような場合に訴訟要件を欠くと判断されているのかについて**判例学習を徹底すること**が重要です。

問題　Aが建築基準法に基づく建築確認を得て自己の所有地に建物を建設し始めたところ，隣接地に居住するBは，当該建築確認の取消しを求めて取消訴訟を提起すると共に，執行停止を申し立てた。執行停止の申立てが却下されたことからAが建設を続けた結果，訴訟係属中に建物が完成し，検査済証が交付された。最高裁判所の判例によると，この場合，①建築確認の法的効果がどのようなものであるため，②工事完了がBの訴えの訴訟要件にどのような影響を与え，③どのような判決が下されることになるか。40字程度で記述しなさい。

（2013年度問題44）

## タイプ3　特定の事案において，どのような訴訟を提起すべきかを問う　超頻出

どのような訴訟を提起することが事案の解決にとって効果的かということを問うものです。日々の学習で，どのような事案の時に，どのような訴訟を提起するべきかを強く意識しておけば，解答できるはずです。

また，このタイプの問題は，あわせて「だれを被告とするか？」も問うてきますので，学習の際に被告適格（行政事件訴訟法11条とその準用を規定する同法38条１項）を意識するようにしましょう。出題実績としては，2008年度問題44，2012年度問題44，2018年度問題44，2020年度問題44があります。

対策としては，どのような事案で，どの訴訟を提起すべきかを意識するために，**「行政事件訴訟の類型」をしっかりと学習すること**が大切です。

**問題**　Ａ県内の一定区域において，土地区画整理事業（これを「本件事業」という。）が計画された。それを施行するため，土地区画整理法に基づくＡ県知事の認可（これを「本件認可処分」という。）を受けて，土地区画整理組合（これを「本件組合」という。）が設立され，あわせて本件事業にかかる事業計画も確定された。これを受けて本件事業が施行され，工事の完了などを経て，最終的に，本件組合は，換地処分（これを「本件換地処分」という。）を行った。

Ｘは，本件事業の区域内の宅地につき所有権を有し，本件組合の組合員であるところ，本件換地処分は換地の配分につき違法なものであるとして，その取消しの訴えを提起しようと考えたが，同訴訟の出訴期間がすでに経過していることが判明した。

この時点において，本件換地処分の効力を争い，換地のやり直しを求めるため，Ｘは，誰を被告として，どのような行為を対象とする，どのような訴訟（行政事件訴訟法に定められている抗告訴訟に限る。）を提起すべきか。40字程度で記述しなさい。

（2020年度問題44）

## タイプ4　条文知識を問う

「何の法律で，何条が問題になっているか」を問題文から判断するものです。基本的に，**条文の知識があれば解けます**。

問題　Xは，A県内においてパチンコ屋の営業を計画し，A県公安委員会に風俗営業適正化法に基づく許可を申請した。しかし，この申請書には，内閣府令に定める必要な記載事項の一部が記載されていなかった。この場合，行政手続法7条によれば，A県公安委員会には，その申請への対応として，どのような選択が認められているか。40字程度で記述しなさい。　(2007年度問題44)

問題　A所有の雑居ビルは，消防法上の防火対象物であるが，非常口が設けられていないなど，消防法等の法令で定められた防火施設に不備があり，危険な状態にある。しかし，その地域を管轄する消防署の署長Yは，Aに対して改善するよう行政指導を繰り返すのみで，消防法5条1項所定の必要な措置をなすべき旨の命令(「命令」という。)をすることなく，放置している。こうした場合，行政手続法によれば，Yに対して，どのような者が，どのような行動をとることができるか。また，これに対して，Yは，どのような対応をとるべきこととされているか。40字程度で記述しなさい。　(2019年度問題44)

# 80 記述式「民法」の出題タイプは4つ

##  タイプ1　「法律要件」「法律効果」を問う　超頻出

「法律要件」,「法律効果」を問う問題は頻出です。言うまでもなく，このタイプに対応するためには，日頃からテキストに出てくる「法律要件」,「法律効果」をしっかりと記憶しておく必要があります。

**問題**　権原の性質上，占有者に所有の意思のない他主占有が，自主占有に変わる場合として2つの場合がある。民法の規定によると，ひとつは，他主占有者が自己に占有させた者に対して所有の意思があることを表示した場合である。もうひとつはどのような場合か，40字程度で記述しなさい。　（2015年度問題45）

**問題**　Aは，木造2階建ての別荘一棟（同建物は，区分所有建物でない建物である。）をBら4名と共有しているが，同建物は，建築後40年が経過したこともあり，雨漏りや建物の多くの部分の損傷が目立つようになってきた。そこで，Aは，同建物を建て替えるか，または，いくつかの建物部分を修繕・改良（以下「修繕等」といい，解答においても「修繕等」と記すこと。）する必要があると考えている。これらを実施するためには，建替えと修繕等のそれぞれの場合について，前記共有者5名の間でどのようなことが必要か。「建替えには」に続けて，民法の規定に照らし，下線部について40字程度で記述しなさい（「建替えには」は，40字程度に数えない。）。

なお，上記の修繕等については民法の定める「変更」や「保存行為」には該当しないものとし，また，同建物の敷地の権利については考慮しないものとする。

（2019年度問題45）

2015年度問題45は，他主占有が自主占有に変わるための要件（民法185条）を問うています。2019年度問題45は，共有物の変更（同法251条）および管理行為（同法252条本文）をするための要件を問うています。この他に出題実績として

は，2011年度問題46，2013年度問題45，2015年度問題45，2019年度問題45があります。

## タイプ2 「意義」・「名称」を問う

条文で規定されている意義や名称を正しく理解できているかを試す問題です。対策としては，しっかりと**意義や名称を暗記していることが必要**です。

もちろん問題文から，何の「意義」・「名称」を問われているのかを把握しないといけません。そのための最も効果的な学習法は，テキストで「意義」や「名称」を学習する際に，必ずテキストに載っている具体的場面をセットで押さえておくことです。

たとえば2019年度問題46は，「第三者のためにする契約」が問われましたが，問われている事案はテキストに掲載されている事案そのものです。どのような場面でその制度が使われるのかを意識すると，記憶の定着が進みます。

民法177条の「第三者」の意義を判例はどのように解しているかということを問うています。

**問題**　Aは，自己所有の時計を代金50万円でBに売る契約を結んだ。その際，Aは，Cから借りていた50万円をまだ返済していなかったので，Bとの間で，Cへの返済方法としてBがCに50万円を支払う旨を合意し，時計の代金50万円はBがCに直接支払うこととした。このようなA・B間の契約を何といい，また，この契約に基づき，Cの上記50万円の代金支払請求権が発生するためには，誰が誰に対してどのようなことをする必要があるか。民法の規定に照らし，下線部について40字程度で記述しなさい。

（2019年度問題46）

##  タイプ3　条文の「趣旨」，制度の「目的」・「機能」を問う

条文や制度の趣旨・目的を正しく理解できているかを試す問題です。対策としては，「趣旨」・「目的」を問うものに関して，**テキストに載っている部分を中心に，「趣旨」・「目的」が出て来たら確認しておく**ようにしましょう。

記述式に限らず，条文や制度の趣旨を理解しておくと，知識を理解したうえで記憶しやすくなるので，学習する際は積極的に趣旨を意識しましょう。

**問題文　略**

【回答】

民法509条は「債務が不法行為によって生じたときは，その債務者は，相殺をもって債権者に対抗することができない。」としています。その趣旨は，判例によれば〔　　　　　〕ことにあるとされています。ですから今回の場合のように，不法行為の被害者であるあなた自身が自ら不法行為にもとづく損害賠償債権を自働債権として，不法行為による損害賠償債権以外の債権を受働債権として相殺をすることは，禁止されていません。（2010年度問題46）

民法509条の趣旨，つまり，その条文や制度が存在する理由を問うています。

**問題　民法の規定によれば，離婚の財産上の法的効果として，離婚した夫婦の一方は，相手方に対して財産の分与を請求することができる。判例は，離婚に伴う財産分与の目的ないし機能には3つの要素が含まれ得ると解している。この財産分与の3つの要素の内容について，40字程度で記述しなさい。**（2016年度問題46）

本問は，「離婚に伴う財産分与請求」の制度趣旨を問うています。しかも，判例（最判昭46.7.23）がいう3つの要素を書かせる問題です。正直，この判例がいう3つの要素を正確に記憶していた受験生は極めて稀だったと思われますので，難問です。

## タイプ4　法的トラブルを解決するための手段を問う

このタイプの対策としては，テキストを読んだり，問題集を解いたりする際に，どのような事案で当該制度を使うかを徹底的に意識することが重要です。つまり，そもそもこの制度はどのような場面で使うのか，具体的な例を自分で考えるようにしましょう。

ちなみに，2015年度問題46は，嫡出推定（民法772条）を覆す手段について問うものでした。具体的には，「嫡出否認の訴え（民法775条）」を答えさせる問題です。タイプ4に分類できるでしょう。

**問題　Aは複数の債権者から債務を負っていたところ，債権者の一人で懇意にしているBと相談の上，Bに優先的な満足を得させる意図で，A所有の唯一の財産である甲土地を，代物弁済としてBに譲渡した。その後，Bは同土地を，上記事情を知らないCに時価で売却し，順次，移転登記がなされた。この場合において，Aのほかの債権者Xは，自己の債権を保全するために，どのような権利に基づき，誰を相手として，どのような対応をとればよいか。判例の立場を踏まえて40字程度で記述しなさい。**（2014年度問題45）

Xが自己の債権を効果的に回収するための手段を問い，「詐害行為取消権」を行使することを答えさせる問題です。

# 81 「趣旨」を学ぶ意味

制度や条文の「趣旨」を理解していると，その「趣旨」までさかのぼって答えにたどり着けるようになります。1つ例を挙げましょう。

**■事例** A所有の土地を賃貸する基本代理権を有するBが，Aの代理人としてCにこの土地を売却した。Cは「悪意」，転得者Dは「善意・無過失」だったとする。このとき，Dは民法110条で保護されるのか。

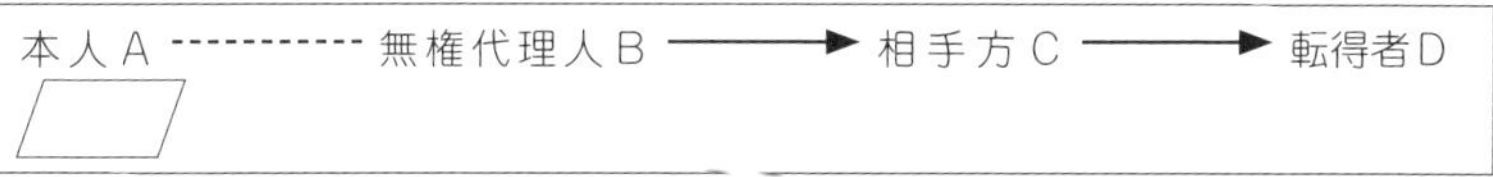


民法110条の「趣旨」は，「代理権の存在を信頼した者を保護する点」にあります。とすると，Dは，BではなくCと取引をしているので，通常，DがBの代理権の存在を信頼するということはありません。したがって，110条で保護される「第三者」は，無権代理行為の直接の相手方（C）に限られ，転得者（D）は含まれないと考えるのです（最判昭36.12.12参照）。

「趣旨」を理解していると，判例問題にも強くなります。会社法の株主総会に関する有名な判例（最判昭60.12.20）を題材に検討しましょう。

招集権者による株主総会の招集手続を欠いている場合に，株主全員がその開催に同意して出席し，株主総会の権限に関する事項について決議をした場合，その株主総会決議は有効に成立するか，という判例問題が出たとします。

判例知識を記憶しているのなら知識で解けます。しかし，判例知識がなかった，もしくは，忘れてしまっていた場合は，「趣旨」に立ち返って考えてみましょう。

会社法298条以下の規定で，株主総会を招集するためには招集権者による招集手続が必要とされている「趣旨」は何でしょうか？

それは，全株主に対して出席の機会を与えるとともに議決に参加する準備の機会を与えるためですよね。だとすると，上記の全員出席総会において，株主総会の権限に関する事項について決議をした場合は，全株主に対して出席の機会が与えられており，議決に参加する準備の機会を与えられたといえます。したがって，決議は有効に成立するというのがこの判例です。

このように，「趣旨」は判例問題対策としても役立つのです。

その制度の趣旨を把握しておくと，**丸暗記せずに条文の構造等を理解しながら解答できる**場面が増えます。

# 82 「目標得点」は30～40点台！

「記述式問題で30～40点台を取ることを目標にしましょう！」と私は受験生に伝えています。

記述式の採点基準は公開されておらず，**合格発表まで何点くらいが取れているのかが正直わからない**のです。もちろん，非の打ち所のない完璧な答案を書いた人や，完全に白紙で提出してしまったような人であれば，何点かはわかりますが，通常はそうはいきません。すべてではないがキーワードは一応拾えていたり，方向性は間違っていないが少しずれている答案が多かったりするのです。

資格スクールで無料の記述式添削サービスや講師個人の添削サービスが実施されたりしますが，実際の点数とかなり近いこともあれば，かなり乖離していることもあります。

これは，前述のように採点基準が公開されておらず，おそらくは具体的な採点基準は，受験生の択一式の出来等によって決まることと無関係ではありません。だから，資格スクールや講師の採点では低い点数だったのに，フタを開けてみると思いのほか良い点数がついていることや，その逆が起こりうるのです。

本試験の後，「記述式で○点取れていれば合格なのですが，私の答案はどうでしょう？」と，不安な表情で再現答案をお持ちになる受験生もいます。しかし，何点になるかはフタを開けてみないとわかりません。

したがって，不確実要素の強い記述式以外の５肢択一式や多肢選択式のような**マークシート問題だけで，160点台中盤を１つの目標**に対策をしましょう。

もちろん，マークシート問題の合計が130点台だったけど，記述式の点数が跳ねて見事に合格を勝ち取られた方も少なからずいらっしゃいます。

ただ，それは結果論であって，やはり**安心して年を越すためには，マークシート部分で160点台中盤を目標**にしましょう。そのくらい高い目標を立てたほうが，日常の学習の意識も高くなりますから一石二鳥です。

# 83 「問い」にはしっかりと答える！

本試験では，解答に一定の時間がかかるため，**「記述式」問題は最後に回さず，途中で解答するよう**にしましょう。時間切れになるリスクを防ぐためです。

ここでは，具体的な問題を例に挙げて，記述式特有の注意点をお話しします。

問題　次の【事例】において，Xは，Yに対して，どのような権利について，どのような契約に基づき，どのような請求をすることができるか。40字程度で記述しなさい。

【事例】略　（2009年度問題45）

この問題では３つのことが聞かれています。

① どのような権利について，

② どのような契約に基づき，

③ どのような請求ができるかです。

この場合，**必ず３つともに答えなければなりません**。

そのためにも，日頃からさまざまなケースを想定して学習をしておくようにしましょう。本試験でどうしても答えが思いつかない場合はいったん法律論を離れて，自分なりの主張を考えてみましょう。

たとえば本問なら，もしも自分がXの立場ならYに対して何を言いたいのか（例：金を払え）を考えてみるのです。そのうえで，その主張をするための法律上の根拠は何なのかを考えてみるのです。**くれぐれも白紙答案だけはやめましょう**。

過去問を使って何問かトレーニングしてみましょう。「民法」のみならず「行政法」でも同じような問われ方をします。

問題　甲自動車（以下「甲」という。）を所有するAは，別の新車を取得したため，友人であるBに対して甲を贈与する旨を口頭で約し，Bも喜んでこれに同意した。しかしながら，Aは，しばらくして後悔するようになり，Bとの間で締結した甲に関する贈与契約をなかったことにしたいと考えるに至った。甲の引渡しを求めているBに対し，Aは，民法の規定に従い，どのような理由で，どのような法的主張をすべきか。40字程度で記述しなさい。なお，この贈与契約においては無効および取消しの原因は存在しないものとする。　（2018年度問題46）

2018年度問題46は，Aが民法の規定に従い，①どのような理由で，②どのような法的主張をすべきかという２点について問うています。

「行政法」も見てみましょう。

問題　Xは，A県B市内において，農地を所有し，その土地において農業を営んできた。しかし，高齢のため農作業が困難となり，後継者もいないため，農地を太陽光発電施設として利用することを決めた。そのために必要な農地法４条１項所定のA県知事による農地転用許可を得るため，その経由機関とされているB市農業委員会の担当者と相談したところ，「B市内においては，太陽光発電のための農地転用は認められない。」として，申請用紙の交付を拒否された。そこで，Xは，インターネットから入手した申請用紙に必要事項を記入してA県知事宛ての農地転用許可の申請書を作成し，必要な添付書類とともにB市農業委員会に郵送した。ところが，これらの書類は，「この申請書は受理できません。」とするB市農業委員会の担当者名の通知を添えて返送されてきた。この場合，農地転用許可を得るため，Xは，いかなる被告に対し，どのような訴訟を提起すべきか。40字程度で記述しなさい。

（参照条文）

（省略）　（2018年度問題44）

2018年度問題44は，Xは①いかなる被告に対し，②どのような訴訟を提起すべきか，という２点が問われています。

# 84 記述式の「採点」を徹底分析①
# 採点基準の厳しい年の特徴

記述式問題の採点基準は，公開されていません。しかし，採点基準がわからなければ，対策がとれません。

そのため，実際にどのような採点がなされたのかを推測するために，これまで私は多くの受験生から再現答案を見せてもらい，徹底的に分析をしてきました。

ここでは，その分析結果に基づいて，私見を述べたいと思います。

受験生の再現答案と行政書士試験研究センターから発表される合格率などのデータを分析してみると，その年度の試験において，受験生全体のマークシートでの出来がよい場合は記述式の採点基準を厳しくし，逆に，悪い場合は記述式の採点基準を甘くすることで，**合格者数調節のための「安全弁」として使われているよう**です。

そのため，合格発表の後に合格者とお会いすると，「まさかあの記述答案で，あんなによい点数が取れているとは思っていなかった！」といわれることもあります。実際に答案と記述式の点数を見せてもらうと，私もその意見に頷くような結果だったのを覚えています。

一方で，マークシートの出来がよかったとされる2013年度は，記述式の採点基準がかなり特殊だったと推察されます。問題を見てみましょう。

**問題**　Ａが建築基準法に基づく建築確認を得て自己の所有地に建物を建設し始めたところ，隣接地に居住するＢは，当該建築確認の取消しを求めて取消訴訟を提起すると共に，執行停止を申し立てた。執行停止の申立てが却下されたことからＡが建設を続けた結果，訴訟係属中に建物が完成し，検査済証が交付された。最高裁判所の判例によると，この場合，①建築確認の法的効果がどのようなものであるため，②工事完了がＢの訴えの訴訟要件にどのような影響を与え，③どのような判決が下されることになるか。40字程度で記述しなさい。

（2013年度問題44）

これは，①建築確認の法的効果，②工事完了がBの訴えの訴訟要件に与える影響，③判決の種類の３つを問うています。通常は，３つに同じような配点がありそうなものですが，この年度に受験した人の再現答案を見ていくと，どうやら①に満点の20点中，12点分の配点があり，残る②と③で８点分だったようです。

なぜでしょうか。これには理由があります。以下の問題を見てください。

**問題　保健所長がした食品衛生法に基づく飲食店の営業許可について，近隣の飲食店営業者が営業上の利益を害されるとして取消訴訟を提起した場合，裁判所は，どのような理由で，どのような判決をすることとなるか。40字程度で記述しなさい。**
（2006年度問題44）

実は，2013年度問題44の②と③は，**2006年度問題44のリメイク**です。つまり，②と③については，きちんと過去問を分析していた受験生の出来がよかったのでしょう。そのため，①②③の配点を均等に配点してしまうと，合格者数が増えすぎたのかもしれません。

改めて，**過去問対策の重要性を認識させられる**という問題でもありました。ちなみに，2013年度の合格率は10.10％でした。

直近の試験でいうと，2019年度の本試験は，記述式の採点がそこまで厳しくはなかったのではないかと推測されます。他方，2020年度の本試験は，2019年度よりは厳しい採点になったのではないかというのが多くの受験生からお話を聞いた実感です。

# 85 記述式の「採点」を徹底分析②
# ノーマルな年の再現答案比較

では，実際の合格者の方がどのような記述式答案を書いて，その答案に対してどのような点数がついたのかを具体的に見てみましょう。ここでは2017年度の本試験を題材とします。なお，2017年度は民法改正前の試験であるため，合格者の答案も民法改正前の記述です。

まず，問題と「一般財団法人行政書士試験研究センター」から発表されている正解例を見てみましょう。そのうえで，合格者の答案を見比べてみてください。

また，上述のとおり，記述式の点数は3問で合計60点（各問20点）ですが，採点結果は合計得点しかわかりません。つまり，**各問で何点取ったのかはわからないため，合格答案を検討する際は，記述式3問まとめて比較する**ようにしましょう。

**問題**　A市は，市内へのパチンコ店の出店を規制するため，同市内のほぼ全域を出店禁止区域とする条例を制定した。しかし，事業者Yは，この条例は国の法令に抵触するなどと主張して，禁止区域内でのパチンコ店の建設に着手した。これに対して，A市は，同条例に基づき市長名で建設の中止命令を発したが，これをYが無視して建設を続行しているため，A市は，Yを被告として建設の中止を求める訴訟を提起した。最高裁判所の判例によれば，こうした訴訟は，どのような立場でA市が提起したものであるとされ，また，どのような理由で，どのような判決がなされるべきこととなるか。40字程度で記述しなさい。

（2017年度問題44）

**センターによる正解例**

| | | | | | | | | | | | | | | |
|---|---|---|---|---|---|---|---|---|---|---|---|---|---|---|
| も | っ | ぱ | ら | 行 | 政 | 権 | の | 主 | 体 | の | 立 | 場 | か | ら |
| な | さ | れ | ， | 法 | 律 | 上 | の | 争 | 訟 | に | 当 | た | ら | ず |
| ， | 訴 | え | 却 | 下 | の | 判 | 決 | が | な | さ | れ | る | 。 | |

（44字）

問題　AはBに対して100万円の売買代金債権を有していたが，同債権については，A・B間で譲渡禁止特約が付されていた。しかし，Aは，特約に違反して，上記100万円の売買代金債権をその弁済期経過後にCに対して譲渡し，その後，Aが，Bに対し，Cに譲渡した旨の通知をした。Bは，その通知があった後直ちに，Aに対し，上記特約違反について抗議しようとしていたところ，Cが上記100万円の売買代金の支払を請求してきた。この場合に，Bは，Cの請求に応じなければならないかについて，民法の規定および判例に照らし，40字程度で記述しなさい。　（2017年度問題45）

センターによる正解例

| B | は | ， | C | が | 譲 | 渡 | 禁 | 止 | 特 | 約 | に | つ | き | 善 |
|---|---|---|---|---|---|---|---|---|---|---|---|---|---|---|
| 意 | か | つ | 無 | 重 | 過 | 失 | で | あ | る | 場 | 合 | に | は | ， |
| 請 | 求 | に | 応 | じ | な | け | れ | ば | な | ら | な | い | 。 | |

（44字）

問題　不法行為による損害賠償請求権は，被害者またはその法定代理人が，いつの時点から何年間行使しないときに消滅するかについて，民法が規定する２つの場合を，40字程度で記述しなさい。　（2017年度問題46）

センターによる正解例

| 損 | 害 | お | よ | び | 加 | 害 | 者 | を | 知 | っ | た | 時 | か | ら |
|---|---|---|---|---|---|---|---|---|---|---|---|---|---|---|
| 3 | 年 | 間 | ， | ま | た | は | 不 | 法 | 行 | 為 | の | 時 | か | ら |
| 20 | 年 | 間 | ， | 行 | 使 | し | な | い | 時 | 。 | | | | |

（41字）

●「60点（満点）」を取った甲さんの解答

問題44

専ら行政権の主体として義務の履行を求める訴訟は，法律上の争訟にあたらず，却下判決がされる。

問題45

譲渡禁止特約につき，Cが善意無重過失であれば，BはCの本件請求に応じなければならない。

問題46

損害及び加害者を知った時から３年間行使しないとき，不法行為の時から20年間行使しないとき。

### ●「44点」を取った丙さんの解答

問題44

A市が私人と同じ立場で提起したものであり，A市には原告適格がなく却下判決がなされる。

問題45

CがAB間の譲渡禁止特約について善意無重過失であれば，BはCの請求に応じなければならない。

問題46

損害及び加害者を知った時から3年間行使しない場合と加害行為時から20年を経過した場合。

### ●「34点」を取った乙さんの解答

問題44

行政権の主体の立場で提起し，法律上の利益がないという理由で，却下の判決がなされる。

問題45

Cが，譲渡禁止特約について善意であり，かつ重大な過失なく知らなかった場合。

問題46

加害者およびその損害を知った時から3年と，行為の時から10年で時効により消滅する。

### ●「30点」を取った丁さんの解答

問題44

行政権の主体としてA市が提起したとされ，他に法令が無い限り法律上の争訟にあたらず却下判決。

問題45

Bは譲渡禁止特約の存在をAとCに主張すれば，Cの請求に応じる必要はない。

問題46

加害者を知った時から3年または不法行為があった時から20年行使しないときに消滅する。

このような合格者の実際の答案を検討することにより，「どのキーワードが書けていたら得点が入るのか？」，「どのくらいのズレであれば許容されるのか？」，「どのような記載は評価されないのか？」が具体的に見えてきます。

# 86 採点は事後的に決まる!?

いずれにしても，記述式の細かい採点基準が確定するのは，マークシートの採点をしてからではないかと推測できます。つまり，マークシートの採点が終わった後で，一応の採点基準を決め，それに基づいて記述式のサンプル答案をいくつか採点したうえで，修正し，確定しているように思われます。

さらに，**解答すべき単語（キーワード）に点数が振られている**ようですが，その配点は一律に同じではないようです。

やはり，**マークシートの問題でなるべく点数を稼ぎたい**ところです。現実的にまずは160点台中盤を目指しましょう。

もちろんマークシートだけで合格ライン超えを目指してもかまいません。マークシートの問題は計240点。これだけで，180点を目指すとすると，75%の得点率でよいのです。100点満点でいうならば75点です。そう考えると，意外と目指せない得点ではないのかなとも思えてきませんか。

それくらいの実力を身につけることができれば，記述式の解答も難なく書くことができるようになっているはずです。

# 87 記述式と文章理解は最後に解かない！

記述式問題の本試験での解く順番についても述べておきましょう。

Chapter12で詳しくお話ししますが，**「記述式」，「文章理解」は最後に回さないほうがよい**です。試験の残り時間が少なくなってきてプレッシャーがかかる場面で，事案分析と文字を書くことを要求される「記述式」や，初見の文章に取り組む「文章理解」を残してしまうと，**焦りでうまく解答できないことが往々にしてあるから**です。

本試験後にじっくり時間をかけて解いてみると，なんなく処理できる問題でも，本試験の迫りくる時間との戦いの中で対峙すると平常心では取り組めないことになるのです。

では記述式問題は，どの時間帯で取り組むべきか？　これに関しては，最後に回さないのなら，**いつ解いても OK** です。まさに**そのシミュレーションを模試を通じて行う**べきなのです。

また，記述式問題は，**2分割方式で解くのもオススメ**です。2分割方式というのは，①まず試験が始まった段階でいきなり記述式問題の問題文を読んで，「事案の把握」，「論点の把握」，「キーワードの抽出」という**答案構成レベルのことをやってしまう**のです。そのうえで，②**40字に合わせる「清書」と「最終確認」は後に回してどこかのタイミングで書く方式**です。このメリットは，「記述式はあとは清書するだけ」という安心感を持って，その他の問題に取り組める点にあります。

先ほど述べたように，「まだ記述式が手つかず状態で残っている」という精神的プレッシャーは，試験の時間が経つほどに強くなります。2分割方式は，そのようなプレッシャーも排除できます。

# Chapter12

# 合格に近づくための心得

やはり合格者にはいくつかの共通項があると気づくことがあります。そこで，最終章では，「合格しやすい人」の特徴についてお話しします。また，より実践的な仕上げのテーマとして，模試に関するアドバイスもまとめておきます。

## 88 「合格しやすい人」の特徴 最初から過去問を使い込んで，学習すべき内容を逆算している

合格する人としない人の特徴があるかと聞かれれば，個人的には「ある」と思います。あくまで主観ですが，**「合格しやすい人」**を以下に挙げてみましょう。

まずは自分が登る**「山の高さ」**を知っておくことが重要です。そのためには，学習のスタート段階から**「過去問」**を使い込む必要があります。

合格する人の多くは，「この知識って○年度の過去問で出ていましたね？」，「過去問を見ると，この法律は△△という方向性で出題されることが多いので，条文を読む際もその点を意識すればよいですか？」というように，過去問の情報を踏まえて，質問してきます。まさに**ゴールから「逆算」して日々の学習に励んでいるわけ**ですね。このような先輩合格者のよい面は徹底的に真似しましょう。

鉄則 2

## 89 「合格しやすい人」の特徴 学習の時に，常に『六法』と仲がよい

受験勉強中に，六法を参照することがあります。その時，参照し終わった途端に，パタンと閉じてしまう人がいます。そして，後でまた六法を参照する時に再び開くのです。

もちろん学習法に関しては各自のスタイルがありますから，それが絶対にいけないというものではないのですが，**合格者の多くには六法をパタンと閉じるタイプは少ない**ように思います。

常に六法は開きっぱなしの状態にあり，参照する局面では猛烈な勢いで条文を検索します。少なくとも，合格者にはそういう六法と仲がよいタイプの人が多い気がします。

鉄則 2

## 90 「合格しやすい人」の特徴 自分の「わからない点」が具体的である

たとえば，「この問題は○○という結論になると思いましたが，解答には△△と書いてあります。これはテキストの事案とは，□□という意味で事情が異なるからだと考えたのですが，その考え方で合っていますか？」と具体的に質問ができる受験生に対しては，「よく勉強しているなぁ」と感じます。

つまり，**一度，自分の頭で必死に考えて悩んでから，質問している**わけです。

逆に，直前期が迫ろうかというのに，**苦手分野が大きすぎる人**がいます。たとえば，「どうにも民法が苦手なんですよねー」と相談をされる方です。学習が進んでくれば，「民法全体」がわからないことはないはずです。「民法」の中でも「時効の完成猶予や時効の更新がイマイチ」，「抵当権の中でも根抵当権が苦手」のように，苦手な分野があぶり出されているはずなのです。

漫然と「民法が苦手」というのは，**日々の学習をただこなしているだけ**で，苦手や弱点を意識的に抽出する作業を怠っているといえます。

鉄則 2

## 91 「合格しやすい人」の特徴 「スキマ時間」を活用する

合格者は，電車の待ち時間や通勤・通学時間のような**スキマ時間を有効に使っていることが多い**です。また，社会人の場合，ランチタイムを活用したり，仕事終わりに必ず喫茶店などに行くと決めたりして，自分が決めたノルマを達成させるというように，**学習する場所と時間をルーティン化して，「スキマ時間」を捻出している**合格者も珍しくありません。

「社会人だから勉強時間が取れない！」と嘆く前に，冷静になって「スキマ時間」を探してみましょう。入浴の時間，トイレの時間，寝る前の10分…。探すといくらでも「スキマ時間」は見つかるはずです。

鉄則 2

# 92 「合格しやすい人」の特徴 「受け身」ではなく「自分の頭で考えて」動く

学習初期は，スクールの講師のいうプランや学習法をそのまま真似ていけばよいと思います。しかし，学習が進んでいくにしたがって，テキストへの書き込み・過去問集の使い方・問題演習のやり方等について，**自分の頭で考えて，より自分にとって効果的なやり方を見つけていく方が多い**です。

たとえば，記述で出題されそうな部分だけ小さなノートにまとめて通勤電車で読むようにするとか，講義の音声だけを家事の合間に2倍速で流しながらインプットをするといったようにです。

このような学習法は講師が最初に勧めたものではないはずです。学習を進めるうちに「このやり方を取り入れたら，もっと成績が上がるのではないか」と自分の頭で考えて実践されているのです。このように，いつまでも「受け身」ではなく，**「自分の頭で考えて」動く人は合格に近い**と思います。

その証拠に，合格者のテキストの使い方や，加工の仕方は人によって全然違います。学習をされる中で，自分の頭で考えて試行錯誤して最良のものを作り出しているのです。

### 記述式対策にオススメのノート

「合格者の勉強法」のＪさん（p.139）は，「キョクトウ（日本ノート）College記述試験対策ノート」を使って記述式のトレーニングをしていたそうです。このノートは，横20字のマス目があらかじめ印刷されています。ですから，「記述式問題」の字数を合わせるトレーニングをするのに最適なのです。

鉄則 3＋モチベーション UP

# 93 「合格しやすい人」の特徴 SNS に依存しすぎない

近年は SNS を効果的に使って学習される方も多いです。たとえば，「合格者の勉強法」の I さん（p.128）は『Studyplus（スタディプラス）』という受験生交流サイトを使うことで，全国の受験生と有益な情報交換をしつつ，お互いに切磋琢磨することで合格を勝ち取られました。SNS の素晴らしい使い方の例ですね。

しかし一方で，**SNS の負の側面**もあります。それは，さまざまな学習法や受験生と交流できることで，「あの講師が良い！」，「あの問題集が良い！」，「あの学習法が良い！」という情報に（逆に「～はダメ！」という情報にも）必要以上に接することにより，自分の学習方針に自信が持てなくなることです。

合格するためには，**一定以上の学習をしなければならない**し，**覚えるべき部分は覚えなければならない**というのは変わりません。それなのに，その前段階の講師選び・問題集選び・学習法に過度に過敏になって前に進めないのは時間の浪費です。

ですから，一度自分で「これだ！」と決めた学習方針（具体的にいえば，自分が申し込んだスクールの講師とカリキュラム）があるのなら，もう周囲の雑音は気にせずに，ひたすらその学習方針を信じてカリキュラムを淡々とこなしましょう。

SNS は非常に便利なツールですが，諸刃の剣でもあるのです。適度に利用しつつ，**過度に依存しないようにデジタルデトックスを意識**しましょう。

鉄則３＋モチベーションUP

# 94 「不安」との向き合い方～２つの視点

直前期になると，最も多く受ける相談が「不安で仕方ない」というものです。本試験が迫ってくる中で，模試の得点が伸び悩んだり，自分が理想としていた学習ラインに達したりしていない場合に，不安が押し寄せるのでしょう。

これに対する私の回答は毎年同じです。２つの視点からお答えしています。

１つ目は，**どれだけ実力のある合格者でも，例外なく不安と戦いながら本試験を迎えている**ということです。圧倒的な実力を持っていたＡさん（p.20），Ｋさん（p.140）も直前期は不安だと言われていました（「合格者の勉強法」参照）。つまり，不安を持って相談に来られた方だけが特別ではないということです。「ようやく私も合格者と同じような心境に達したか！」とポジティブに考えましょう。

２つ目は，**不安になるのは素晴らしいことだ**ということです。不安になるということは，それだけ追い込んで真剣に学習してきたという証なのです。大して勉強もしていなくて，真剣に追い込んでもいない場合は，試験の怖さもわからないのですから，不安になりようがありません。

行政書士試験と真剣に対峙して，自分にやれるだけの勉強をしてきたからこそ「結果が出なかったらどうしよう…」という強烈な不安に苛まれるのです。つまり，不安だということは，**それだけの学習をしっかりと積み重ねてきた**ということなのです。むしろ不安が出てきたことを誇らしく思って，直前期の学習を継続しましょう。

鉄則 2・4

# 95 「○時間」で考えるのをやめよう！

以前は，「○○試験に合格するための総学習時間は○時間だ！」的なアピールをする資格スクールを見かけました。しかし，合格のために何時間学習するべきかは人によって違いますし，行政書士試験の場合は前述のように，特に「一般知識科目」でスタート時点での基礎学力に多少差があります。

ですから，**一律に○時間学習すれば合格できるというのはナンセンス**です。「人によって異なる」というのが正しいところです。

また，「1日6時間勉強する」という目標を立てて，学習を進める方がいらっしゃいますが，それよりは以下のように**具体的にやるべきノルマを決めて学習**したほうが実力がつきます。

| 8/1（日） | 8/2（月） |
|---|---|
| 〈図書館〉 | 〈朝〉 |
| ・民法テキスト　P.136～P.152 | ・民法過去問　5問 |
| ・民法過去問　20問 | 〈昼休み〉 |
| ・憲法テキスト　P.62～P.71 | ・憲法判例集　3つ |
| ・憲法判例集　3つ | 〈夜・カフェ〉 |
| ・行政手続法　条文読み | ・行政法過去問　10問 |

もしその日のノルマが3時間で終わったのであれば，その後は自由時間として映画に行くなどしてリフレッシュするのもよいでしょう。

逆に，6時間かけてもその日のノルマが終わらないのであれば，なるべく終わるまでやり遂げましょう。

合格者が「私は合格までに○時間勉強しました！」という体験談を語ることがありますが，「○時間勉強したから合格した」のではなく，合格後に日々の学習時間を総計すると，結果としてその合格者が○時間勉強していたということなのです。

鉄則 3

# 96 夏の模試と試験直前の模試

本番の前に各スクールの模試を受ける方も多いと思います。模試が実施される時期によって，活用法は異なります。

## 1　夏の模試

7～8月の模試は，受験生の経験によって次のような意味合いを持ちます。

**初学者…学習の進捗度を確認する！**

全科目の学習が一通り終わった時期なので，それまでの学習の成果を確かめましょう。特に，点数を気にする必要はありません。どのくらい理解していたか，暗記ができていたか，時間配分は適切だったかなどについて確認し，本試験に向けたスケジューリングをしましょう。

**受験経験者…実戦感覚を取り戻す！**

前年度に受験した時の実戦感覚と現在の実力に，どれくらいの差があるかを確かめましょう。全く同レベルではないかもしれませんが，「そうそう！　こんな感じで時間配分していたな」と思い起こしてください。この時期の模試は基礎～標準レベルを中心に出題する傾向があるので，経験者ならば記述式を除いて160～170点は得点しましょう。

## 2　直前期の模試

9～10月頃の試験直前に行われる模試は，内容にこだわりましょう。

✓基本的な問題での取りこぼしはないか？　時間配分は適切だったか？

✓１つの問題に必要以上にこだわりすぎなかったか？　など

モチベーションも上がるので，点数がよいに越したことはありませんが，思うような点数を取れないこともあります。そんな時は，「しょせん模試。本試験じゃないし！」と気持ちを切り替えて日々の学習に邁進しましょう。

鉄則 3

# 97 模試を受ける２つの理由

模試では，「本試験に対して自分がどのように向かい合うか」を学びます。中でも，最も意識してほしいのが，**時間配分**です。模試を受けることの最も重要な意味は，**「本番のシミュレーションをする」**ことにあるのです。

行政書士試験は，３時間で60問に解答しなければなりません。当然，飛ばすべき問題や捨てるべき問題もあります。本番で実力を発揮するために，それを見分ける**自分なりのルールを確立させる**必要があります。

一番怖いのは，深入りしてはいけない問題に時間を取られすぎて，取るべき問題にかける時間が不足してしまうことです。そのような事態を防ぐためにも，**科目ごとに時間配分を決めておく方法が効果的**です。時間が来たら強制的に次の問題に進むという練習をしましょう。

また，どの科目から解くかといった**「問題を解く順番」**も，模試を通じてしっかりと確立させておきましょう。

初学者の人は，以下の時間配分を参考に，毎回「解く順番」を変えて，最も自分にマッチする解き順を把握してください。

**〈初学者向け・各科目の時間配分（一例）〉**

| 憲法 | 民法 | 行政法 | 文章理解 | 記述式 |
|---|---|---|---|---|
| 5 問で<br>15分以内 | 9 問で<br>30分以内 | 19問で<br>60分以内 | 3 問で<br>15分以内 | 3 問で<br>15～25分 |

その他の科目は，残りの時間をその都度，調整するイメージで配分しましょう。

鉄則３

# 98 模試についてよくある質問

他にもよく受講生から聞かれることをＱ＆Ａ形式でまとめてみましょう。

## Q　１つのスクールの模試だけ受ければよい？

A　できれば模試は複数の資格スクールのものを受けたほうがよいでしょう。なぜなら，スクールごとに出題のクセがあるので，**同じ事を問うていても，問われ方によっては解けないということがありうる**からです。

もし忙しくて，受験できないなら，各スクールが実施する**通信の模試**で代替することもできます。

## Q　模試は全部で何回受ければよい？

A　合格者の多くは，**５回くらい**受けているようです。

初学者…模試を受けすぎて復習が消化不良になるのを防ぐために，多くても５回くらいがベストでしょう。

受験経験者…各自の仕上がりに応じて回数を設定すればよいでしょう。たとえば，後述する２時間45分ではなく，２時間30分で解き切るというように，より強く負荷をかけるのも１つの手です。

現在もそうだと思いますが，模試の受験回数は５回くらいがボリュームゾーンです。ただ，アガルートに移籍した2017年頃から合格者インタビューで伺うと，模試を10回以上受けた方も散見されるようになりました。おそらく，中上級レベルの方で，夏くらいから学習のペースメーカーとして受験されていたのではないでしょうか。模試を受ける回数は各自で決めてもらってよいですが，ただ，初学者の方には10回という回数は多すぎて消化不良となるのでオススメしません。

鉄則3

# 99 模試の復習はどうすればよい？

模試の復習は解説を参照しながら，**重要度の高いものから**行いましょう。

模試によっては，後日，問題ごとの**「正解率」**をデータで示すところもあります。そのデータがあるのであれば，必ず活用しましょう。また，**問題ごとの重要ランク**があればそれも参考にして復習を効率化しましょう。

・**正解率60％以上の問題…絶対に落とせない！**

自分が正解していたかどうかをチェックしましょう。もし不正解ならば，入念に復習しておきましょう。

・**正解率20％未満の問題…直接合否に影響する可能性が低い！**

みんなが解けないような問題で差がつくことはほとんどありません。したがって，復習も一読して確認するくらいでよいでしょう。

復習の際は，問題集を解く場合と同じように「痕跡」を残しましょう。本試験の直前に，最終的なおさらいとして確認すべき問題や選択肢に絞って，チェックを入れておくようにしましょう。直前なので，チェックしていない項目は確認しない（見ない）という思い切った割り切りも必要です。

| 重要ランク／正解率 | A | B | C |
|---|---|---|---|
| 60％以上 | 入念に復習 | 入念に復習 | サラッと復習 |
| 40％以上 | 入念に復習 | サラッと復習 | 解説を一読のみ |
| 20％未満 | サラッと復習 | 解説を一読のみ | 不要 |

鉄則 3

# 100 模試で注意すべきこと

## 注意1　記述式と文章理解は最後に残さない！

記述式問題は，内容は5肢択一式問題の学習範囲と同じですが，記述をしなければならないため，**解答する際は推敲が必要**です。そのため，**最低でも15分は確保**しましょう。30分かかる受験生もいます。また，「文章理解」の問題は，国語のように，文章を読んだうえで解答するため，それなりに時間が必要です。

時間が足りない中でこのような問題を解答するのは，とても正常な心理状態ではいられません。ですから，「記述式問題」と「文章理解」は，必ず途中で解くようにしてください。間違っても最後に残さないことです。

## 注意2　「基礎法学」からは解かない！

試験問題の1問目と2問目に「基礎法学」は出題されます。つまり，問題冊子を開いたら，最初に登場するのが「基礎法学」です。しかし，これを最初に解くのはあまり得策ではありません。往々にして，難易度の高い出題がされることがあり，いきなり**心を折られるような問題に出くわす可能性がある**からです。もっとも，この「注意2」は絶対的なものではありません。1問目から解いたほうがリズムが出るのなら，1問目から解いてかまいません。

## 注意3　「2時間45分」で解き終えよう！

模試を受ける際には，**負荷**をかけましょう。本番は，想像もできないような緊張感の中で受験します。手が震えて普段の実力を100％発揮できないことも十分に考えられます。そんな状況を想定して，模試では時間的な負荷をかけて，自分を追い込んだ状態でトレーニングしましょう。

## ⚠注意4　ケアレスミスを軽視しない

模試を受けていると，「マークミス」や「正しいものを問われているのに誤っているものを選んでしまう」というケアレスミスが起こりえます。

その時に，**「あーケアレスミスだ。まあでも知識は間違っていなかったから正解みたいなもんでしょ」**と考えてはいけません。

本番でケアレスミスをやってしまったら致命傷なのです。私は長年の講師歴の中で，たった1問ケアレスミスをしたために涙を呑んだ受講生を何人か見てきました。「本当は正解していたのに！」，「ちゃんと知識はあったのに！」と言っても後の祭りなのです。**たかがケアレスミス，されどケアレスミス**。絶対に軽視しないで，模試の段階で対策を講じておきましょう。

## ⚠注意5　「筆記用具」もチェックしよう！

行政書士試験はマークシート方式です。**どんな筆記用具がもっとも塗りつぶしやすいか**も模試で確かめておいたほうがよいでしょう。

最近は，マークシート用シャープペンシルというのも発売されています。実際にいろいろ試してみて，一番しっくりくるものを用意しましょう。試験本番では，鉛筆や消しゴムなども複数持っていったほうが安心です。

## ⚠注意6　「食事面」もチェックしよう！

試験は13時にスタートするので，その時間帯に合わせて食事を摂り，体調を整える必要があります。食べるものや量についての具体的なアドバイスはできませんが，**自分の頭が最も回転するのはどういうメニューか**を考えておくようにしましょう。

ちなみに，私は食事を摂ると眠くなってしまい，かつ空腹がそれほどストレスにならないタイプなので，ゼリー状の栄養補助食2個くらいで臨むでしょうか。この辺は，個人差がありますから，各自で試すとよいでしょう。

## 【著者紹介】

### 豊村　慶太（とよむら　けいた）

アガルートアカデミー専任講師。

長崎県佐世保市出身。早稲田大学卒業。明治大学大学院中退。中央大学大学院修了。学習院大学大学院修了。

法学部以外の出身のため法律には全く縁がなかったが，大学３年生の夏に猛勉強を開始し，２ヵ月弱の学習期間で行政書士試験に合格。その後，大手資格試験予備校 LEC で12年以上にわたり，行政書士試験の受験指導を行い，基幹講座・単科講座の LIVE クラス・全国向け収録クラスのみならず，大学学内講座（成城大学・学習院大学）も担当。LEC 時代は，横溝慎一郎講師・黒沢レオ講師（現・株式会社ジーネット代表取締役）とともに「三枚看板」を形成して大人気となる。2017年２月よりアガルートアカデミーへ移籍し，現在に至る。

2017年に移籍したアガルートアカデミーでは，入門者向け講座・中上級者向け講座・上級者向け講座・直前対策講座のすべてを担当。LEC，アガルートアカデミーでの16年以上にわたる講師歴の中で，のべ6,000人以上の受験生を指導し（2021年２月時点），毎年数多くの合格者を輩出。特に高い合格率には定評がある。

主な書籍に『行政書士試験 らくらく解けるゴールデンルール50』（中央経済社・2017）がある。

趣味は，サーフィン・スキューバダイビング・ゴルフ・トランペット・神社仏閣めぐり。福岡ソフトバンクホークスとＶ・ファーレン長崎の熱狂的なファンでもある。

『豊村慶太のブログ★手を広げずに楽して合格 !!!』
http://blog.livedoor.jp/keita104mura/
YouTube でも講義を視聴できます（「豊村慶太」で検索してください）。

## 行政書士試験　豊村式合格メソッド100

2016年１月10日　第１版第１刷発行
2016年３月30日　第１版第３刷発行
2021年５月10日　改訂改題第１版第１刷

著　者　豊　村　慶　太
発行者　山　本　　継
発行所　㈱　中　央　経　済　社
発売元　㈱中央経済グループパブリッシング

〒101-0051　東京都千代田区神田神保町1-31-2
電話　03（3293）3371（編集代表）
　　　03（3293）3381（営業代表）
https://www.chuokeizai.co.jp
印刷／文 唱 堂 印 刷 ㈱
製本／㈲ 井 上 製 本 所



＊頁の「欠落」や「順序違い」などがありましたらお取り替えいたしますので発売元までご送付ください。（送料小社負担）
ISBN978-4-502-37971-0 C2034